문예신서
2001

방향을 잃은 세계에서

우리 아이들에게
어떤 지표를 주어야 할까?

장 뤽 오베르

이창실 옮김

東文選

우리 아이들에게 어떤 지표를 주어야 할까?

Jean-Luc Aubert

Quels repères donner à nos enfants
dans un monde déboussolé?

차 례

제1장: 지표가 필요한 이유는 뭘까? ———— 9

그렇다면 어떤 지표들인가? ———— 10

지표들이 왜 필요한가? ———— 16

건전한 지표와 불건전한 지표 ———— 18

오늘날의 중대한 문제 ———— 24

지표의 상실: 선 혹은 악? ———— 29

제2장: 기본 지표들 ———— 31

아이의 손을 잡아 주기 ———— 32

아버지와 또 다른 지표들 ———— 33

안정감을 심어 주는 지표들: 안전을 위한 지표들 ———— 40

어린아이의 불안과 불안증 ———— 41

정상적인 불안, 병적인 불안 ———— 48

불안해하는 어머니 ———— 51

완전한 안전은 없다 ———— 56

불안에 대한 방어 수단: 변화에 대한 저항 ———— 58

안심하기 위한 지표들: 의례 ———— 60

과도 지표들: 안전을 위한 지표들 ———— 62

개인화를 위한 지표들: 정체성의 지표들 ———— 64

언어, 지표들의 매체 ———— 65

참된 말 ———— 70

소속의 지표들 ———— 71

쾌락을 위한 지표들: 쾌락주의적 지표들 ———— 75

지표들의 목표 ———— 76

제3장: 생후 수개월간의 지표 ———— 83

무엇보다 안전 ———— 83

안심시키기 위한 일상의 제스처와 말들 ———— 86

리듬과 의례의 중요성 ———— 90

평온을 지키기 위해 이별을 준비하기 ———— 93

정체성을 위한 첫 지표들 ———— 96

나는 가족을 사랑하는가? ———— 98

남편과 아내인가, 아니면 아버지와 어머니인가? ———— 101

가족의 일원으로 만들기 위해 교육하기 ———— 104

아이가 느끼는 최초의 쾌락: 그 자신, 당신, 그리고 물건들 ———— 106

제4장: 첫 수년간의 지표들 ———— 115

적절한 시기 ———— 117

첫 걸음에서 첫 단어로 ———— 120

평온한 첫 걸음 ———— 121

생후 수년 동안의 지표들 ———— 126

시간과 공간을 통제하기 ———— 129

정체성을 위한 '싫어'에서 '나'…… ———— 134

……그리고 소속을 말해 주는 우리로 나아가기 ———— 135

소속을 위한 교육 ———— 137

아이와 신앙 ———— 140

쾌락의 지표들에 주어지는 우선권 ———— 143

제5장: '철드는' 나이에서 청소년기까지 ———— 147

소속의 지표들에 주어지는 우선권 ———— 149

감정을 말로 표현하기 ———— 152

절대적 필요성: 관심거리들을 다양화시키기 ─────── 155

사춘기, 청소년기 ─────── 158

청소년기의 지표들 ─────── 159

어제와 오늘, 청소년기의 '위기' ─────── 162

그렇다면 지금은……? ────────────────────── 165

1
지표가 필요한 이유는 뭘까?

　요즈음, 지표의 문제가 크게 대두되고 있다. 폭력이나 종파, 범죄, 심지어 약물 중독을 두고도 지표의 개념이 항시 화두로 떠오른다. 특히 아이들에 대해 말할 때면 어떤 지표를 줄 수 있을지 묻게 된다. 이 격변하는 세계에서 아이들의 인격을 형성하려면 어떻게 해야 할지를 말이다. 교육에 대한 우리의 자세는 어떠해야 할까? 엄하게 다스려야 할까, 자유롭게 내버려두어야 할까, 아니면 미연에 방지해야 할까?

　우리는 아이들을 매일없이 만난다. 수시로 아이들의 부모를 보고, 교사들과도 매일 대화를 나눈다. 그러는 과정에서 어떤 아이들은 뚜렷한 혼란을 겪는 반면, 또 다른 아이들은 별 근심 걱정 없이 세상을 헤쳐 나간다는 사실을 발견했다. 그리하여 이같이 묻게 되었다. "어떤 아이들은 그처럼 불안정한 상태에 놓여 있는데, 또 다른 아이들은 어떠한 시련에도 의연히 저항하는 듯싶은 까닭은 무엇인가?" 아이들에게서 들은 말, 혹은 아이들의 성품이나 태도로 미루어 우리가 이제껏 확인케 된 바는, 한편의 연약함과 다른 한편의 강인함은 그들이 뚜렷한 지표를 갖고 있는지 여부에 달려 있다는 사실이다. 일부는 역경에 대항해 단단히 무장되어 있지만, 일부는 여지없이 꺾이고 마는

것이다.

본서의 목적은 개인——보다 정확히 말해 아동——이 오늘 혹은 내일의 세계에서 자기 자리를 찾도록 지표들을 제시하자는 것이다. 세상에서 쾌락을 누리도록 해주는 지표들을 포함해서.

그렇다면 어떤 지표들인가?

지표라는 말은 근사해 보인다. 하지만 대체 이 말은 무얼 의미하는 걸까? 이 말 뒤에 감추어진 뜻은 뭘까? 지표라면 어떤 지표를 말하는 걸까?

우선 염두에 두어야 할 점은, 지표도 여러 형태와 목표를 지닌다는 사실이다. 여기서 세 가지 형태의 지표를 구분해 볼 수 있다.

- 인간적 지표
- 물질적 지표
- 추상적 지표

그런데 갓난아이의 첫 인간적 지표는 엄마이다. 엄마는 아이의 절대적인 지표라고도 할 수 있다. 엄마야말로 아이가 형성되어 가는 걸 돕고(육체적·심리적으로), 아이에게 정체성을 부여한다. 또 아이가 의존 상태에서 독립 상태로 나아가도록 돕는다. 이때 아빠의 지지를 받는데(혹은 받지 않는데), 이 점에서 아빠는 어린아이에게 두번째로 중요한 인간적 지표가 된다. 엄마가, 그리고 아빠가 이끌어 가는 대로 아이는 형성된다. 잇달아 인격이 형성되어 가는 과정에서 지표들로

작용하는 다른 사람들을 만나게 된다. 부모만큼은 아니라 해도 그들 역시 아이에게 상당한 영향력을 미친다. 즉 할아버지/할머니, 삼촌, 고모, 교사 등.

이 지표들은 어느 정도 확고하고 건전하고 지속적일 필요가 있다. **그것들이 꾸준하고 일관성이 있는지 여부에 따라, 아이 역시 꾸준하고 일관적인 방식으로 자신을 구축해 나갈 수 있기 때문이다.**

건전한 부모는 아이에게 건전한 지표를 마련해 줄 것이다. 이런저런 이유로 인해 이런 지표를 주지 못할 경우, 아이는 정신적 평온과 그에 따른 인격적 성숙에 도달하는 데 큰 지장을 받는다. (건전한 부모란, 개인적 갈등에 빠져 있거나 자신 혹은 타인과 불안정한 관계에 있지 않은 부모를 말한다.) 아이의 미래는 무엇보다 엄마라는 첫 인간적 지표의 견고함에 달려 있다. 그 다음, 존재하는 모든 대상 및 장소가 아이의 안전과 쾌락에 기여한다. 그 가장 현저한 예로, 어린아이들이 탐닉하는 대상을 들 수 있다. 전문 용어로 '과도 대상'(어린이가 어머니와 맺는 구순적 관계에서 사물과의 관계로 이행할 때 선택하는 물건)이라 불리는 이것은 아이를 안심시킨다. 어머니들은 모두 이 사실을 안다. 아이가 힘껏 품에 안는, 때론 냄새가 나는 이 더러운 헝겊 조각을 소홀히 했을 때 어떤 소동이 벌어지는지 모르는 엄마는 없다. 아이가 손에 넣고 빠는 엄지손가락도 그 한 예이다.

이 물질적 지표들은 물론 또 다른 형태를 취할 수 있다. 우리가 특별히 아끼는 옷, 좋아하는 가구, 없어서는 안 되는 물건 등. 아이에게 그렇듯이 어른에게도 그런 대상이 있다. 이 익숙한 대상들 역시 그 존재로 우리를 안심시키는 지표들이다. 흥미롭게도 프로이트조차 이

법칙을 피해 갈 수는 없었다.

프로이트, 모든 사람은 지표를 필요로 한다.

지크문트 프로이트는 1856년 5월 6일 모라비아의 프라이베르크에서 태어났다. 출생 당시 이름은 지기스문트였지만, 22세 때 지크문트라는 이름으로 바꾼다.

그의 여러 전기작가들을 통해 우리는 한 인간의 생애를 배우는 한편, 그의 놀라운 발견, 즉 정신분석학의 역사 또한 배운다. 이 점에서 프로이트는 창조자이며, 창조자라면 그 누구도 피해 갈 수 없는 고통을 맛본다. 즉 전통적인 지표들을 버리고 완전히 새로운 지표들을 만들기 위해 겪게 되는 고통을. 실제로 그는 편지 속에서 이비인후과 의사 빌헬름 플리스에게 자신의 죽음과 같은 고뇌에 대해 털어놓곤 했다.

프로이트가 지녔던 세 가지 삶의 열정은 익히 알려진 바이다. 즉 그는 여행과 고품 수집을 좋아했으며, 고질적인 애연가였다. 여행 취미는 이해가 간다. 40세가 되기까지는 여행을 떠나지 않았다는 사실은 이상한 일이지만. 여행은 그가 몰두해 있던 연구와 '거리를 두기 위한' 수단이었음이 분명하다. 자신의 연구실로부터 멀어지면서 또한 정신분석학으로부터도 멀어질 수 있었던 것이다.

그는 여행지에서 수집한 수많은 골동품으로 서재를 장식했다. 그의 전기작가들 중 한 명인 게오르크 마르쿠스[1]가 전하는 바에 따르

면, "프로이트는 여행을 떠나면 그다지 진귀한 물건이 아니라도 몇 가지는 꼭 가져오려고 했다." 이런 주장을 통해 우리는 프로이트 역시 그 자신만의 과도 대상을 갖고 있었음을 알 수 있다.(62쪽 참조)

고고학과 골동품에 대한 열정으로 미루어 우리는 프로이트가 무의식의 발견과 동시에 미지의 세계에 관심을 가졌음을 짐작할 수 있다. 골동품 수집은 어찌 보면 그에게 안정감을 부여했다. 발견의 진전과 더불어 그는 더욱 과거에 집착했다고 보여지는데, 고고학 발굴 작업과 무의식의 심층 탐구 간에 어떤 접합점을 찾을 수도 있겠다. 프로이트가 자기분석을 시도하던 초기에 플리스에게 직접 다음과 같이 쓰며 이 둘을 비교한 바 있다. "이 사실을 아직 진정으로 믿지는 못하겠네. 그건 마치 슐리만[2]이 트로이의 전설적 잔해를 또다시 발굴해 낸 것과도 같네."

아무튼 그가 소중히 모아 간수한 이 물건들은 강력한 정서적 가치를 지닌 물질적 지표들이었다. 1901년에 쓴 《일상 생활의 정신병리학》에서도 이러한 가정의 일례를 찾을 수 있다. 어느 날 프로이트는 자신이 기분을 상하게 한 친구에게 편지를 쓰다가 작은 이집트인 상을 깨뜨리고 만다. "[…] 이 불운을 겪고 나서 나는 그것이 더 큰 또 다른 불운을 피하기 위해 스스로 야기한 불운임을 이해했다." 더 큰 불운이란 문제의 친구를 잃는다는 것이었다. 하지만 그는 "다행히 우정과 조각상 모두 원상 회복될 수 있었다"고 서둘러 부연한

---

1) 게오르크 마르쿠스, 《지크문트 프로이트》, Albin Michel, 1994.
2) 하인리히 슐리만(독일의 고고학자, 1822년생)이 트로이 유적을 발굴했다.

다. 이렇게 말하며 그는 우정과 조각상을 동일시한다. 그의 '소중한 물건들'이 담고 있던 정서적 무게를 이보다 명백히 드러낼 수는 없을 것이다.

프로이트의 세번째 열정의 대상은 여송연이었다. 그는 하루에 스무 개비의 여송연을 피웠다고 한다…! 여송연 하나를 피우는 데 걸리는 시간을 따진다면 그 의존도가 얼마나 심각했는지 짐작이 간다. 이 해로운 습관을 버리도록 꾸준히 충고했던 친구 플리스 의사에게 그는 다음과 같이 쓴다. "자네가 말려도 난 계속 담배를 끊지 못한다네. 긴긴 세월을 좌절감에 빠져 보내는 게 유쾌한 일이라고 생각되나?" 여기서 그는 바로 좌절감에 대해 언급한다……. 또 언젠가는 다음과 같이 털어놓기도 했다. "자네의 금지령 이후 나는 7주 동안 담배를 피우지 않았네. 예상대로 처음엔 견디기 힘들더군. 금연으로 심장 장애와 우울증·좌절감이 잇달았네. […] 일을 할 수도 없었고, 난 끝장난 인간이었네. […]" 1923년 4월 20일, 그는 처음으로 턱 수술을 받는다. 그리고 암으로 인한 고통이 생의 마지막 순간까지 이어진다.

여러 차례 수술을 받은 뒤 그는 의치를 해 박게 되는데 그리 성공적이었던 것 같지 않다. 고통이 지속된다. "프로이트는 먹고 마시고 말하는 데 상당한 노력을 기울여야만 했다. 담배도 마찬가지였다!"라고, 게오르크 마르쿠스는 말한다. 이런 극심한 고통을 겪은 이후에도 프로이트는 이 모두의 원인 제공자였던 자신의 마약, 니코틴으로부터 벗어나지 못하고 여송연에 계속 탐닉했다. 나중에는 "빨래집게로 의치를 벌려 입술 사이에 담배를 끼워 물리기까지 했다."

이렇게 마지막까지 그는 여송연 피우는 습관을 버리지 않았다. 여기서도 생리적 의존 외에 심리적 의존의 관여를 생각할 수 있다. 강연회에서 한 학생이 흡연 습관은 구순기와 관련이 있지 않은지 질문했다. 프로이트는 "여송연은 때로 여송연에 불과하다"라고 대답했다. 이 학생의 해석이 전적으로 옳다고는 할 수 없어도, 프로이트의 여송연은 여송연 이상의 무엇을 의미했다고 추측해 볼 수 있다. 프로이트 자신은 부정의 방어적 자세로 설명을 시도했지만…….

다소 성가신 이 마지막 열정을 배제시킨다 해도 우리는 이 글을 읽으며 누구나 지표를 필요로 한다는 사실을 깨닫는다. 흔해빠진 지표들(물건들, 여송연)일지라도 거기에는 안심시키고 안정감을 주는 무언가가 내포되어 있다. 이 지표들의 현존·실행, 그리고 이 지표들에 수반되는 습관들은 모두 안전을 위한 도상에서의 준비이다.

지표들은 추상적인 형태를 취할 수 있다. 거기에는 신앙, 종교적·정신적·철학적 확신, 문화, 양식 등, 정신의 산물들과 관련된 것들도 있다. 이것들도 인간적·물질적 지표들과 마찬가지로 필요하다는 사실을 우리는 알게 될 것이다. 이것들이야말로 삶에 의미를 부여하는 경우도 종종 있기 때문이다.

인간적 지표들이 기초를 이룸에는 틀림없지만, 지표들 모두가 중요하다. 게다가 그것들은 보통 동시에 작용한다는 점을 알아야 한다. 엄마가 아기의 요람 위로 몸을 기울일 때, 엄마는 아이가 자랄 수 있도록 돕는 '지표'이다. 그러나 아기가 누운 요람, 냄새, 색깔, 그리고 주변 환경이 전해 주는 감각들, 이 모두가 또한 파급 효과를 낳는다. 그

래서 이것들이 바뀌면 아이는 불안감을 느끼게 된다.

프로이트의 경우만 해도 연구 분야에서는 흡족한 지적 성과를 거두었지만, 일상 생활에서는 골동품이나 여송연 같은 사소한 지표들에 매달리지 않을 수 없었다…….

지표들이 왜 필요한가?

지표들은 다양한 기능을 갖는다. 그것들은 도로의 경계를 정하고 길을 안내해 주는 경계선이나 이정표의 구실을 한다. 그것들이 없으면 아이──그리고 어른──는 길을 잃을 수도 있다. 그것들은 또한 큰 불안 없이 생을 헤쳐 나갈 수 있게끔 해주는 요소들이다. 이 표지판이나 이정표를 제거하면 아이는 길을 잃게 된다……. 집으로 돌아가기 위해 흰 잔돌들을 길에 놓아두었던 엄지 동자를 생각해 보자.

본서 제3장 이하에서 이 문제를 좀더 자세히 다루기로 하겠다. 그러나 **지표의 첫번째 목적은 안심시키고 안정감을 주는 것임을 우선 강조하고 싶다. 그것이 중요하다.** 아이가──그리고 우리가──세상에 자신을 열고, 외부 세계와 타인들에게 관심을 갖게 되는 것은 바로 이 안정감에 달렸다. 이런 안정감을 느끼지 못하는 아이는 두려움을 떨쳐 버리기 위해 자신의 모든 에너지를 동원한다. 아이가 주변 사람들과 맺고 있는 관계나 학교의 입장에서 보면 이런 에너지는 쓸데없이 소모된 에너지이다. 어린아이에게 엄마나 요람, 그의 환경과 같은 지표들은 이런 안정감을 부여하는 데 기여한다.

둘째로, 지표들은 인격을 형성하는 한편, 개인이 의존적이 되지 않도록 강한 정체성을 심어 준다. 말하자면 그것들은 어린아이라는 아주 의존적인 존재를, 자신을 있는 그대로 뚜렷이 드러낼 수 있는 온전한 인간으로 만들어 놓는다. 그래서 아이는 '싫어'와 '나'라는 말을 사용하게 되는데, 이는 자기 주장의 첫 표지들이다. 요람에 몸을 기울인 엄마는 아이와 말을 하며, 이름을 부르고 대화를 나누면서 이것을 돕는다. 이 대화를 통해 아이는 이미 자신이 한 인격체임을 느낀다. '우리 아가'에서 '아가'로, 또 아르튀르, 줄리에트, 노에미로 불리며 아이는 실제로 아르튀르, 줄리에트, 노에미가 된다. 자신의 욕구와 의사를 표현할 수 있게 되며, 자신이 누군지, 어디에 자리하는지 분명히 알게 되는 것이다.

지표의 또 다른 기능은 아이에게 한 가족, 한 사회 집단에 속해 있으며, 그 속에서 자신이 맡은 뚜렷한 역할이 있다는 느낌과 확신을 심어 주는 것이다. 우리의 어린 아르튀르, 줄리에트, 노에미는 그렇게 해서 엄마가 누군지, 엄마의 이름은 뭔지, 아빠는 누군지, 할아버지·할머니는 누구며 삼촌·고모는 누군지, 누가 무엇을 하며 가족 내에서 어떤 위치에 있는지 알게 된다……. 그리고 아르튀르, 줄리에트, 노에미는 자신들 각자가 집단의 온전한 구성원으로서 이 집단을 위해 중요하며, 집단 내에서 각자에게 주어진 역할이 있음을 알게 된다.

아이에게는 정체성과 소속감이라는 이 이중의 의식이 얼마나 중요한지 모른다. 때문에 이런 의식을 가져다 주는 지표들이 매우 소중하다. 이것들이 나중에 어린아이와 청소년, 그리고 온전한 성인이 되게 할 터이기 때문이다. 사회 한복판에서 건전하고 활동적인 역할을 맡

는 데 필요한 거리두기와 분석의 능력 및 확신을 갖춘 이런 의식이 없다면 아이, 청소년, 그리고 성인은 그들이 느끼지 못하는 소속감과 정체성을 제공하게 될, 반드시 호의적이지만은 않은 집단이나 개인의 의견에 쉽게 좌우되는 연약한 존재가 될 것이다.

이런 의식을 어떻게 차츰 자리잡게 할 것인가가 본서에서 내내 다루게 될 문제이다.

지표의 네번째 목표는 쾌락의 전달이다. 요람에 몸을 기울인 채 아이의 배를 가볍게 쓰다듬는 어머니는 아이에게 쾌락을 준다. 이런 신체적 접촉에 어린아이는 기분이 좋아진다. 이처럼 쾌감을 주기에 우리는 그것을 쾌락의 지표라 부른다. 쾌락주의는 행복에 대한 욕구이다.

이 지표의 실행을 위해선 곧 사회적 통념에 빗장을 질러야 한다. 지표의 목표는 굴레를 씌우거나 아이에게 속박을 가하려는 것이 아니다. 그보다는 아이가 보다 차분하고 즐겁고 확신을 가질 수 있도록 아이의 길에 경표를 세우려는 것이다. 길 잃은 아이는 행복한 아이가 아니며, 구속받는 아이도 마찬가지이다. 행복한 아이란 피해 가야 할 길을 알고, 어떻게 장애물을 극복해야 할지, 어디로 가야 할지를 알고, 자신이 어디서 왔으며 왜 그렇게 하는지 아는 아이이다.

건전한 지표와 불건전한 지표

이제 좀더 자세한 설명을 시도하기 위해, 건전한 지표들과 불건전

한 지표들을 구분지어 보기로 하겠다. 불건전한 지표는 무엇보다 개인을 소외시키는 한편, 개인에게서 일체의 개성과 자유 의지를 제거한다는 성격을 띤다. 이단 종파들이나 광신적인 종교, 범죄 집단이 이에 속한다. 이런 불건전한 집단들 속에서 개인은 더 이상 고유한 정체성을 갖지 못하고, 선택도 자유도 없다. 그의 정체성과 선택 사항들은 집단에 의해 결정된다. 늘 그렇지는 않지만 그것은 그다지 양심적이지 못한 한 명 혹은 몇몇 인간들에게 권력, 그리고(혹은) 돈을 제공하기 위해 이루어진다. 이 사람들은 일부 인간들의 약점을 노려 그들에게 거짓 정체성과 소속감을 부여한다. 대개의 경우 그들은 희생양의 원칙을 이용해 그룹의 응집력을 강화한다. 즉 자신들이 겪는 모든 악의 책임이 타자 혹은 타자들에게 있다는 식이다. 다음 박스 안의 글은 이 원칙이 어떻게 작동하는지 설명해 준다.

건전한 지표와는 반대로 불건전한 지표는 개인으로 하여금 이 지표의 주의주장과 음모를 섬기도록 한다. 그것은 개인을 노예화하고 의존적으로 만들며, 개인의 고유한 정체성을 말살한다. 한 사례로 나중

희생양

모든 독재자들과 과격 단체들은 한결같이 희생양의 원칙을 이용한다. 그 가장 현저한——가장 극적이기도 한——일례를 나치에게서 찾을 수 있다. A. 히틀러는 유대인들을 적으로 지목함으로써 분명 인위적이긴 하지만 효과적인 단합을 이루어 냈다. 독일이 겪고 있던 모든 불행의 원인을 유대인들에게 뒤집어씌움으로써 이들에게

대적하는 거국적인 합의점을 도출했다. 심각한 경제 위기로 인해 약해질 대로 약해진 국가를 위하여……

양심적이지 못한 독재자들이나 지도자들은 희생양을 지목함으로써, 어떤 상황을 심리적으로 적절히 대처하지 못하는 사람들을 그들 주변에 끌어모을 수 있다는 사실을 안다. 만사가 제대로 안 풀리거나 형편이 악화된다면 그건 이 남자 혹은 여자 때문이라는 것이다. 인류가 존재한 이후로 사용되어 온 이 '처방법'은 늘 제 기능을 발휘했고, 불행히도 앞으로도 그럴 것이 분명하다.

오늘날 이 처방법은 수많은 종파 및 급진 정당들에 의해 이용되고 있다. 한 그룹이 다른 그룹에 맞서 구축되는 것이다. 해로운 건 타인이며, 모든 고통의 원인 제공자도 타자라는 것이다……. (종파는 외부 세계가 해롭다고 보며, 급진 정당은 외국인을 해로운 존재로 본다.)

그렇게 멀리까지 가지 않아도 그저 계급간의 갈등을 상기해 보는 것으로 충분하다. 우리 곁에도 희생양들과 '웃음거리들'이 있지 않은가? 어쩌면 우리 자신이 그런 대상이 될 때도 있을지 모른다. 어떤 그룹이 다른 그룹에 맞서 결속되기 위해 이보다 나은 유대는 없겠기 때문이다. 이 유대는 불의할 뿐 아니라 매우 인위적이라는 사실을 우리는 이해하게 되겠지만.

관련된 개인들을 문제삼지 않기 때문에 쉽사리 받아들여지는 이런 단호한 원칙을 사용함으로써 진정한 문제점들——분명 아주 복잡한——을 파고들 필요가 없게 된다. 이 문제점들은 공동체의 모든 구성원을 문제삼도록 요구하지만, 희생양의 원칙은 반대로 단 한 명의 개인을 문제삼을 따름이다. 그룹으로서는 마음 편한 일인지 모르나, 그래도 이 원칙은 비난받아 마땅하다. 이 원칙은 결코 문제를 해결할 수 없으며, 일시적으로 은폐할 따름이라는 사실을 알아야 한다.

에 카미유 라캉의 경우를 살펴보도록 하겠다.(36쪽 참조) 소유욕이
지나치게 강한 어머니가 어떤 식으로 아이를——그리고 성인을——
의존적이고 미숙하며 남의 의견에 쉽사리 좌우되는, 개성 없는 인간
으로 만들게 되는지 우리는 목격하게 될 것이다.

　거짓 쾌락을 주는 것들 역시 불건전한 지표들이라 할 수 있다. 약
물 중독과 관련된 모두가 이에 속한다. 알코올 중독이든 마약 중독이
든, 이런 '쾌락들'은 허망하다. 그것들은 어떤 근심이나 깊은 불안에
대처하기 위해 존재하지만, 알코올이나 마약은 훨씬 뿌리 깊은 문제
를 그저 일시적으로 해결해 줄 따름이다. 실제로 우리는 그것들이 야
기하는 의존의 문제들을 안다. 이런 방편을 사용하고 남용하는 사람
은 더 이상 상황을 통제하지 못하고 노예가 된다. 그는 분명 아주 연
약한 사람으로서, 진정한 심리적 도움을 필요로 한다.

　지표는 집착이 되는 순간 역시 불건전해진다. 몰리에르가 《수전노》
에서 묘사한 아르파공의 경우를 통해 그 확연한 예가 드러난다.

아르파공, 돈이 돈 이상의 가치를 지닐 때

　몰리에르[3]라고 하는 이 위대한 정신병리학자가 우리에게 남긴 풍
요로운 문학 작품 속에서 아르파공은 흥미로운 인물로 등장한다. 그

---

3) 실제로 몰리에르의 연극 대다수는 희극 양식을 빌려 신경증에 걸린 인물들(《타
르튀프》, 《상상병 환자》 등)을 무대에 올리고 있다. 차후에 우리는 《서민 귀족》과 《동
쥐앙》에 대해 언급할 것이다.

는 물질적 지표——돈——가 어떤 점에서 불건전할 수 있는지 깨닫게 해주기 때문이다. 아르파공에게 돈은 삶에 의미를 부여하는 것이라는 가정이 가능하다. 바로 돈을 통해 그는 존재하며, 존재한다는 느낌을 갖는다. 때문에 돈은 순전한 물질적 가치를 훨씬 초월한 정서적 가치를 지닌다. 다른 사람에게 돈은 그저 돈에 불과하지만, 이 수전노에게는 그보다 훨씬 더 큰 무엇을 의미한다. 돈은 그에게 삶의 의미 자체이다. 누가 그의 그 유명한 돈 상자를 훔쳐 간 다음 그가 늘어놓는 장광설을 들어 보자.

"도둑이야, 도둑! 저런 죽일 놈! 저런 날강도 같은 놈! 오, 맙소사! 난 망했어, 이젠 죽었다구! 누가 내 돈을 훔쳐 갔단 말이냐! 누구지? 어디 숨었지? 어떡해야 그 돈을 찾을 수 있을까? 어느쪽으로 가야 하지? 여기도 아니고, 저기도 아니고. 거 누구냐? 섰거라! (자기 자신의 팔을 잡는다.) 내 돈 내놔! ⋯⋯아! 나로구나. 얼이 빠져서 내가 어디 있는지, 내가 누군지, 뭘하고 있는지 모르겠군! 아, 내 불쌍한 돈! 내 소중한 벗아! 어떤 놈이 내게서 널 빼앗아 갔구나! 네가 없어지니, 힘도 위안도 기쁨도 몽땅 잃어버렸다. 이제 모든 게 끝나 버렸어. 더 이상 할 일도 없다. 너 없인 살 수가 없다. 아무것도 할 수 없어. 난 죽어가고 있어. 아니야, 벌써 죽어 묻혀 버린 거야. 내 소중한 돈을 돌려 주거나 누가 훔쳐 갔는지 말해 주어 날 다시 살아나게 할 사람이 아무도 없단 말인가?"

아르파공은 다음과 같이 고백한다. "네가 없어지니, 힘도 위안도 기쁨도 몽땅 잃어버렸다. 이제 모든 게 끝나 버렸어. 더 이상 할 일도 없다. 너 없인 살 수가 없다." 이런 과장된 몸짓을 보며 관객은

웃을지 모르나 아르파공 자신은 정말로 고통을 호소하고 있는 것이다. 그의 돈은 그의 생명이다. 주변 사람들이 보기에 터무니없는 것이 그에겐 생사가 걸린 문제이다. 이 수전노에게 돈은 돈 이상이기 때문이다. 깊은 무의식 속에서 돈은 그에게 중대한 정서적 가치를 제공한다. 이 사실을 깨닫는 순간 우리는 그것이 그를 어떤 극한 상황으로까지 몰고 갈 수 있는지 또한 이해하게 된다.

아르파공의 경우를 통해 우리는 몇 가지 사실을 주목하게 된다.
 - 이 수전노에겐 돈이 분명 하나의 지표이다. 심지어 그의 유일한 지표이다. 그러나 그 소유자가 의존심을 갖게 될 때 그것은 불건전한 지표가 된다. 돈은 아르파공이 타인과 맺는 모든 관계를 교란시키는 한편, 그에게서 일체의 평정을 앗아 간다는 사실을 우리는 알게 된다. 이 주제가 희극의 양식으로 처리되고 있기는 하지만 말이다. **의존심, 거짓 안전, 소외는 불건전한 지표의 특징들이다.**
 - 우리의 분석을 더 멀리까지 밀고 나가면, 몰리에르의 이 등장 인물에게 있어 돈은 전위 현상에 의해 진정한 정서적 차원을 획득하게 되었다는 추측이 가능해진다. 일부 아동들에게서도 이같은 현상을 발견하게 된다. 이 남자 혹은 여자아이들에게 물질적 차원에서 그들이 원하는 모든 것을 주면서, 그들이 가장 필요로 하는 애정을 주지 않는다고 하자. 그러면 돈과 물질·장난감·사탕이 그들에게서 애정의 자리를 차지하여, 결코 충족될 수 없는 끝없는 욕구가 된다. 이 아이들에게도 돈은 결핍을 채워 준다는 의미에서 불건전한 지표(그리고 쾌락)로 화한다⋯⋯.

본서를 통해 부모는 건전한 지표와 불건전한 지표를 구분하는 방법 및 그것들을 아이들에게 전달하는 수단을 배우게 될 것이다.

그렇다면 건전한 지표들에 대한 정의를 내려 보기로 하자. **건전한 지표들이란, 개인의 정신을 양성하고 정체성을 부여하며 삶에 의미를 부여하는 총체적 요소들이다. 그것들은 개인 자신 및 타인의 자유를 구속하지 않는 한편, 그로 하여금 인간 사회에서 온전한 행동의 주체가 되도록 한다.**

오늘날의 중대한 문제

20세기말 지표의 문제가 본격적으로 제기되었다면, 그건 전통적 지표들이 급작스레 혼란에 빠졌기 때문이다.

수십 년, 나아가 수 세기 동안 거의 의문에 부쳐진 일 없는, 굳건히 자리잡은 지표들에 의거해 사람들은 행동했다는 사실을 우선 깨달아야 한다. 이런 상황에서 인간은 이 지표들과 관련해 자리잡을 수 있었다. 그는 그것들이 부인할 수 없이 확고한, 부동의 가치들임을 알고(보다 정확히 말해 믿고) 있었다. 이 가치들을 믿고 따르고 기대면서 준(準)확실성을 갖고 생을 헤쳐 갈 수 있었다.

대대로 사람들은 대체적으로 앞서간 사람들의 길을 좇았다. 그런가 하면 지표들과 가치들은 부모에게서 자식에게로 구두로 전달되며, 흔히는 부모가 믿었던 것을 자식도 그대로 받아들였다. 또 오늘날처럼 다양한 매체도 없었고, 세상에 대한 개방도 종종 마을이나 동네에

제한되어 있었다. 문화 수준 역시 최근 수십 년 동안 우리가 접해 온 문화 수준보다 뒤떨어진 것이었다.

이 총체적인 요소들로 인해 개인은 지표들의 체계 한복판에 놓여졌다. 즉 그가 보기에 수용 가능하며 유일하게 참된, 근본적으로 변치 않는 체계였다. 그는 이 체계를 통해 안심하고 스스로를 구축해 나가며, 이 체계 덕분에 자신의 삶에서 의미를 발견했다. 가족·교육·신앙·일이란 이름으로 불리는 가치들이었다. 그런데 이것들이 오늘날 심각한 의문에 부쳐지고 있다.

− **우선 가족이 몹시 불안정한 상태에 있다.** 수많은 여성들이 직업을 가짐으로써 가정으로부터 멀어지게 되었다. 그리고 부모 중 하나가 없는 가족의 수가 늘어나, 국립통계경제연구소에 따르면 1973년에는 3만 9천 가구이던 것이 1990년의 조사에서는 1백10만 가구가 되었다. 가정에서 일하는 어머니 그리고 아버지로 이루어진 가족이라는 지표는 수 세기 동안 효력을 발휘했었다. 하지만 이제 그것이 심각한 타격을 입게 되었다. 대가족 제도 역시 마찬가지이다. 19세기에는 인구의 10분의 9가 농촌에 살았다. 부모와 할아버지·할머니·삼촌·숙모가 가까운 곳에 살며 서로 돕고 의지했다. 그러나 산업화 및 도시와 의사 소통 수단의 발달로 인해 이런 가족간의 친밀성이 파괴되고 말았다. 그리하여 어떤 어머니들은 아주 혼자가 되어 버렸다…….오늘날엔 온갖 형태의 가족이 공존하며, 전통적 가정이 제공하던 안전도 불확실한 것으로 화했다.

− **교육이 문제시되고 있다.** 가족이라는 도식의 전복에 잇달아 교육과 관련된 지표들이 전복되었다. 수십 년 동안 매우 엄격히 지켜져

온 전통적 교육은 아동에게 지금보다 훨씬 미미한 위상을 부여했었다. 아동에게 거의 권리가 주어지지 않는 경직된 교육 방식이 수 세기 동안 실천되어 오면서, 부모는 아이에게 거의 전적인 권한을 행사했다. (누구나 당연시했던 볼기 때리기나 기타 체벌을 떠올려 보자…….) 우리는 더 이상 이런 환경에서 살지 않는다. 오늘날 아동은 의무는 물론 권리를 지닌 온전한 개인으로 간주된다. 간혹 그릇 해석되거나 설명된 심리학적 담론을 통해 아동에게 일체의 권한이 부여되기도 했다…….

이제 부모들은, 오늘날의 상황 속에서 어떻게 아이를 교육시켜야 할지 묻게 되었다. 전통적 모델이 무용지물이 되어 버렸다면, 적절한 대책은 어디에서 찾아지는가?

– **신앙이 훼손되고 있다.** 인간은 늘 믿음을 필요로 하지만, 신앙이 대대적으로 의문에 부쳐지고 있다. 보다 정확히 말해 종교적 메시지가 의문시되고 있다. 대부분의 종교——특히 가톨릭 종교——는 자체의 담론을 신자들의 개방성과 지식 수준에 적응시키지 못한 상태이다. 더 이상 교리를 예전처럼 가르칠 수 없게 된 것은 분명하다. 지식 수준이 낮고 순종적인 민중에게 만족과 확신을 주었던 것들이 이제는 그럴 수 없게 되었다.

그러나 다시 한 번 말하지만 사람은 믿음(종교 · 철학 · 이상에 대한 믿음)을 필요로 하는데, 그것은 이 믿음이 삶에 의미를, 어떤 의미를 부여하기 때문이다. 종교적 · 철학적 · 정치적 원칙 및 계율은 믿는 자가 따르는 길에서 경표의 역할을 하는 추상적인 지표들이다. 그것들은 믿는 자가 인생길을 가는 데 도움을 준다.

그런데 오늘날에는 종교적 신앙이 훼손되어 있다. 많은 경우에 신앙이 곧 종교적 메시지와 동일시되기 때문이다. 종교적 메시지가 적응을 하지 못한 상태에서, 개인적 반성에 필요한 거리나 수단을 지니지 못한 사람들을 불시에 의심 속으로 몰아넣었다……. 이들은 신앙을 그 체계나 종파·매개자·수도자들과 혼동하는 것이다.

카를 구스타프 융은 60년대에 이미 비슷한 현상을 목격하고 경종을 울렸다. 다음 박스 안의 글은 그가 당시에 어느 정도까지 선견지

융과 기독교[4]

1950-1960년대 '냉전'의 긴장이 팽배해 있었을 당시, 융은 기독교에 대해 질문을 제기한다. "위기에 처한 것은 기독교가 아니다. 단지 사람들이 지금까지 품어 온 개념 및 해석, 오늘날의 세계에 직면해 수정될 수밖에 없는 이 해석이 위기에 처했을 따름이다"라고 하면서.

더 나아가 그는 다음과 같이 덧붙인다. "오늘날 인간은 집산주의 국가가 제시하는 모든 '진실들'을 성찰을 통해 접근하고 이해할 수 있게 되었다. 반면 종교적 진실들에 대한 이해는 설명 부족으로 인해 한층 어려워졌다("지금 읽는 것을 깨닫는가?" 물으니, 내시(內侍)가 "지도하는 사람이 없으니 어찌 깨달을 수 있는가"고 대답하였다. 〈사도행전〉 8장 30절). 그럼에도 불구하고 인간이 종교적 확신을 모두 잃지는 않았다. 종교 행위는 본능적 성향에 기초하며, 따라서 인간의 전형적 기능에 속해 있기 때문이다."

---

4) 카를 구스타프 융, 〈현재와 미래〉, Buchet/Chastel.

명을 갖고 있었는지를 보여 준다.

정치적 이상들에 대해서도 같은 말을 할 수 있다. 이 이상들은 과거(소련의 공산주의를 기억하자) 혹은 현재(…사건)에 그들이 보여 주는 과격성으로 인해 현저히 약화되었다. 분석과 거리두기에 필요한 능력이 없는 사람에게는 일부 정치가들의 권력 남용과 무절제가 모든 정치가들의 권력 남용과 무절제로 보이고, 그리하여 정치와 그 메시지는 모든 알맹이를 상실하고 만다. 더 심각한 문제는, 신중치 못한 책략가들인 과격파 정당들이 능란한 말솜씨를 발휘해 더 이상 온건한 발언을 믿지 않게 된 개인들을 유혹한다는 점이다.

반성의 이 지점에서, 부모는 이 모두가 자녀에게 어떤 영향을 미치는지 묻게 된다. **종교적·정치적·철학적 이상에 대한 믿음은 필요한 지표인데, 이 믿음은 삶에 의미를, 어떤 의미를 부여하기 때문이다.** 전통 종교의 절도 있고 존경할 만한 신앙과 온건파 정당이 붕괴되는 순간, 그것들은 또 다른 극단적 보수주의 종교 및 보다 강경하고 기만적인 과격파 정당 혹은 종파에 자리를 넘겨 준다. 그런데 전자와는 반대로 후자는 교리와 원칙을 이용해 개인을 노예화하는 한편, 비양심적인 한 명 혹은 여러 명의 인간들이 금전적 권력 및 기타 다른 권력을 누리도록 해준다…….

따라서 전통 종교 및 온건파 정당은 이 영역에서 큰 책임을 짊어지는 셈이다.

그렇다고 부모들이 걱정할 필요는 없다. 가정에서 나름대로 필요한 기본 지표들을 제공한다면 그들의 자녀가 나중에 탈선할 위험이 제한될 수——전무하다고는 할 수 없어도——있다.

지표의 상실: 선 혹은 악?

그렇게 우리는 의문에 부쳐진 지표들의 예를 계속 나열해 갈 수 있다. 예컨대 우리가 아직 언급하지 않은 노동의 문제만 하더라도, 미래에는 노동이 현재와 같은 우위를 차지하지 못할 것이다. 실업 문제는 차치하고, 사람들 각자의 노동 시간이 미래에는 상당히 줄어들 것이다. 국립과학경제연구소의 마르샹과 텔로의 주장에 따르면, 노동 시간은 과거 1백50년 동안 절반으로 줄었다. 19세기 중반에는 3천 시간이었던 노동 시간이 오늘날에는 약 1천5백 시간이 된 것이다. 그렇다면 미래에는 여러 다른 활동에 전념해 기쁨을 찾을 생각을 해야 한다. 그렇지 못할 경우 일부 사람들의 생활은 아주 초라한 것이 될 터이다.

가족 · 교육 · 신앙 · 노동과 같은 이 모든 지표들을 문제삼지 않을 수 없게 되었다. 이것들은 인위적이며 피상적인 성격을 지녔기 때문이다. 즉 다소 기계적으로 주입되며, 개인의 실질적인 반성보다는 조건화의 지배를 받는다. 이 지표들은 각각의 맥락에서 자체의 역할과 필요성을 지니고 있었지만, 우리의 상황과 미래의 상황에서는 더 이상 같은 방식으로 실천될 수 없게 되었다. 더 개방적이고, 더 많은 정보와 지식을 소유하고, 더 변화무쌍한 세상에 그것들은 적응해야만 한다. 한층 폐쇄적인 동시에 덜 개방적이고 덜 유동적인 세상에 적합한 것이었기에 하나같이 균형을 잃게 될 수밖에 없다.

본서의 목적은, 부모들을 안심시키고 그들 자신과 특히 자녀들을

돕게 될 몇 가지 실마리 및 지표들을 제공하는 것이다. 몇 가지 지표들이 부모에 의해 확실히 주어질 경우, 오늘과 내일의 세계에서 훌륭히 적응하고 살아가기 위한 일체의 수단을 자녀에게 제공할 수 있다.

우리가 실제 적용을 통해 알게 된 바로는, 아이의 기본 지표들이 견고할수록 자기 실현과 성공의 기회도 증진된다는 사실이다. 세상은 변하며, 여전히 변할 것이다. 중요한 점은 아이가 이 세계와 대면해 그곳에서 편안함을 느끼는 데 필요한 조건들을 제공하는 것이다.

우선 아이가 필요로 하는 지표들을 제공해야 하는 책임은 부모에게 돌아온다. 이 지표들은 아이가 스스로를 구축하고 형성하게끔 해준다. 이 지표들을 아이는 자기 것으로 삼는다. 그리고 일단 그것들이 자기 것이 되면 혼자 세상을 헤쳐 가며 거기서 기쁨을 찾을 수 있게 된다. 더 나아가 이 세상에서 자신이 맡아야 할 진정한 역할을 발견한다. 아이가 탄생하여 청년이 되기까지 자기 것으로 삼게 될 이 지표들이야말로 우리의 관심을 끄는 대상이다.

2

기본 지표들

어린아이의 가장 중요한 지표는 어머니라 해도 아무도 놀라지 않을 것이다. 실제로 어머니야말로 아이를 위해 가장 많은 시간을 할애하는 사람이다. 경험에 비추어 볼 때 아버지에게 이 역할이 주어지는 경우도 있지만 그 비율은 미미하다. 어쩌면 그것이 바람직한 현상인지 모른다. 심리학의 발전 여부와 상관없이 생리 기능에 따라 아이를 잉태하는 것은 어머니이기 때문이다. 임신 9개월 동안 일어나는 일들을 결코 소홀히 해서는 안 된다는 사실을 오늘날 우리는 알고 있다. 수백 명의 어린아이들을 진찰실에서 맞아야 하는 주치의나 소아의에게 물어보자. 차분한 아이들과 불안해하는 아이들로 이미 구분된다고, 그들은 말할 것이다. 엄마의 임신 상태와 행복감이 아이의 이런 태도에 큰 영향을 미친다. 따라서 인공수정시 대리모에 의존할 경우, 문제가 제기될 수도 있다……

그러므로 어머니는 아이의 기본 지표이다. 신체적인 지표일 뿐 아니라 정서적·교육적·문화적 지표이기도 하다. 어머니가 행하고 말하고 보여 주고 생각하는 것, 이 모두가 아이에게 매우 중요한 무엇으로 작용한다.

아버지는 곁에 있건 없건 아이의 제2의 지표이다. 아버지가 주로 아이를 보살피는 경우가 아니라면 말이다. 아버지는 아이와의 관계에서 직접적인 역할을 맡는 한편, 아이의 어머니와의 관계를 통해 간접적인 역할을 맡는다. 전문 용어로 말하면 그는 '분리시키는 제삼자'인데, 이 역할에 대하여는 차후에 다시 언급하겠다.

그렇다면 홀어머니의 경우는 어떤가? 아내는 혼자가 될 수 있지만, 어머니가 혼자일 수는 없다. 아버지 없는 어머니는 있을 수 없다는 게 자연의 이치이다……. 이 말에는 단순한 수사적 뉘앙스뿐 아니라 아주 현대적인 양상이 들어 있으므로, 이 문제는 나중에 다시 거론하겠다.(39쪽 참조)

그러면 이제 어머니에게, 그리고 어머니가 아이한테 주는 최초의 지표들에 눈길을 돌려 보기로 하자.

아이의 손을 잡아 주기

어린 인간을 다른 대부분의 포유동물로부터 구별짓는 것은 생리적 의존성이다. 인간은 환경에 적극적으로 적응하기에 불충분한 도구를 갖고 태어난다. (이같은 인간의 특수성은 유형성숙(幼形成熟)이라는 말로 지칭된다.) 이런 결함은 그를 환경에 의존하도록 만든다. 아이를 낳을 때 어머니는 육체적인 동시에 정신적인 존재를 낳는다. 아이가 세상을 발견해 나가는 데 동행하는 사람은 어머니이다. 생후 몇 년 동안 어머니가 아이와 맺는 관계를 특징짓는 것은 아이와의 신체적

접촉을 통해 명백히 드러난다. 임신 기간 동안 어머니는 아이를 몸속에 지니고 다닌다. 그후 어머니는 아이를 품에 안다가 곁에 두게 된다. 그리고 보행 연습이 시작된다. 처음엔 아이를 두 손으로 잡다가 한 손으로 잡아 주고, 그런 다음 혼자서 걷도록 내버려둔다. 아이는 누구의 도움도 받지 않고 세상을 발견하고 탐구할 수 있게 된다. **이 같은 과정을 통해 향후 그들의 관계가 모습을 드러낸다. 아이는 전적인 의존 상태에서 독립 상태로 나아가는 것이다…….**

물론 우리가 드는 예화는 이론적이어서 말하고자 하는 바를 상징적으로 제시한다. 현실에서는 그처럼 선형적 형태로 진행되지 않으며, 종종 아이가 퇴보 현상을 보여 "엄마, 안아 줘요"하며 조르기도 한다는 사실을 우리는 잘 알고 있다. "피곤해……"라는 아주 그럴듯한 핑계를 대면서. 이 말은 정말일 테지만, 어쩌면 신체적 피로라기보다는 정신적 피로일는지 모른다. 자신의 독립성에 대한 발견은 마음을 들뜨게 한다…… 고통을 수반하는 무엇이기도 하지만.

아버지와 또 다른 지표들

사람들 중에 어머니 다음으로 중요한 지표는 주변의 다른 친지들로서, 그들은 아이에게 없어서는 안 될 지표들을 제공하게 된다. 친지라면 주로 성인들을 지칭한다. 형제자매의 말은 아이에게 큰 영향력을 미치지 못한다. 그들이 부모의 역할을 대신하지 않는다면.

그러므로 아버지가 아이의 두번째 지표이다. 아버지 개인으로서뿐

아니라, 아이가 자신을 구축해 나가는 데 필요한 몇 가지 메시지의 전달자로서 그렇다.

전통적 가정에서는 아버지에게 **분리시키는 제삼자**의 역할이 주어진다. 어머니의 또 다른 사랑의 대상으로서 아버지는 어머니와 아이 사이에 은밀히 끼어든다. 아버지라는 존재는 어머니–아이 간의 혼융이 지속되지 않도록 막아 줌으로써 아이가 점차 독립을 쟁취해 나갈 수 있게끔 한다. 이 모두는 일상의 관계 속에서 아주 자연스럽고 무의식적으로 이루어진다. 아이는 점점 더 뚜렷이 아버지의 현존을 느끼며, 세상에 자신과 엄마 단둘만 있는 게 아니라는 사실을 알게 된다. 자기 외에도 엄마에게는 또 다른 관심의 대상들이 있다는 사실을. 이런 '자각'(아주 무의식적인)은 그로 하여금 엄마 곁을 떠나 다른 데서 다른 관심거리를 찾도록 한다…… 정신분석학의 용어로 오이디푸스의 결의라 불리는 것이 이것이다…….

여기서 말하는 것은 물론 정상적인 발달 과정이다. 여러 가지 이유로 이 과정은 그럭저럭 제대로 작동된다. 이런 정상적이고 자연스런 과정을 통해 아이는 차츰 독립적이 되어간다. 동물의 세계에서도 총체적으로 아주 비슷한 과정이 발견된다. 어떤 동물들은 부모의 보호를 떠나지 않으려 하는 새끼를 글자 그대로——때로는 인정사정없이——쫓아 버린다. 다행히 우리는 그렇게까지 하지는 않지만…….

이 과정의 궁극적인 목적은 어린아이로 하여금 참된 정체성과 독립심을 발견하고 자기 행동에 책임을 지는 온전한 개인이 되게끔 하는 것이다. 무의식적인 발전의 양상 외에도 자기 정체성을 위한 지표들이 이 발전에 기여한다. 그것은 또한 학업적 성공이라는 차원에서도

영향을 미친다. 이런 독립성을 차츰 획득하지 못한 아이는 홀로 책임을 감당치 못하고 연약한 존재로 남는다. '누군가 늘 곁에 있어야' 성공할 수 있다고 하는 그런 부류의 아이가 되는 것이다. 전문 용어로 말하면 그는 혼융의 성격을 띤다. 누가 곁에 있어야만 일을 할 수 있기 때문이다.

아버지는 존재한다는 사실만으로도 몹시 중요한 역할을 담당한다. 그러나——이 '그러나' 가 아주 중요하다——그의 존재는 육체적이기보다 정신적 중요성을 지닌다. 중요한 것은 그의 '정신적 현존' 이다. 그것은 아버지가 엄마의 마음속에서 차지하는 자리이기도 하다. 엄마가 아버지에게 갖는 관심이나 아버지가 차지하는 비중 같은. 엄마에게 자식말고도 다른 사랑의 대상이 있다는 아주 단순한 사실, 이것이 중요하다. 그런 대상이 있다면 아이의 개인화 과정이 자연스럽게 이루어질 것이다. 그 대상이 존재하지 않을 때 엄마가 어린 아들이나 딸 외에 조금이라도 다른 데로 관심을 돌리면 아이는 안절부절못하게 된다. 또 관심의 대상이 달리 없을 경우 엄마는 자식들을 통해 자기 자신을 실현코자 할 것이고, 자식들이 자신에게서 '떠나도록' 내버려두지 않을 것이다.

사실 우리는 주변에서 이런 '큰 아기' 의 예를 종종 마주치게 된다. 외관상 멀쩡한 성인이지만 실제로는 전혀 독립적인 인간이라 할 수 없는 이들을. 그들은 무의식적으로 부모라는 '멍에' 를 짊어지고 산다. 온전한 개인이 되도록 허락받지 못한 것이다. 그래서 엄마나 아빠처럼 생각하고, 부모를 여전히 두려워하고, 부모의 의사에 따라 계획을 세우며, 부모가 바라는 대로 계속 꼭두각시처럼 행동한다.

졸라는《테레즈 라캥》에서 카미유라는 인물을 통해 이러한 의존성이 어린아이의 삶에 초래할 수 있는 결과와, 성인이 되어서 그것이 어떤 식으로 표출될 수 있는지 아주 상세히 묘사해 놓고 있다.

카미유 라캥, 과도한 의존성이 초래하는 위험들

《테레즈 라캥》이 발표되었을 때 독자들의 반응은 매우 시큰둥했다. 그것은 '타락한 문학'이며 외설이라는 비난을 받았다. 따라서 에밀 졸라는 자기 글의 정당성을 입증하기 위해 서문을 작성하지 않으면 안 되겠다고 느꼈다. 자연주의 소설가였던 그는 자신의 입장을 변호하기 위해 그의 목표는 '무엇보다 과학적인 목표임'[1]을 밝힌 것이다.

책의 내용은 다음과 같다. 라캥 부인은 과부이다. 소설 속에서 우리가 그녀를 만날 때, 그녀의 나이는 50세이다. 아들 카미유는 20세이다. 신체적으로 그는 20세 청년이지만, 정신적으로는 그에 훨씬 못미친다. "그의 어머니는 여전히 그를 마치 어린 소년 다루듯이 애지중지했다. 병약한 아들이 죽음과 사투를 벌였던 어린 시절 내내 어머니는 아들을 몹시 사랑했다. 아이는 계속해서 열병이나 상상 가능한 온갖 병에 걸렸다. 라캥 부인은 자신의 품에서 아들을 낚아채 가려고 연달아 닥치는 이 끔찍한 병들에 맞서 15년간 투쟁을

---

1) 에밀 졸라,《테레즈 라캥》, Éd. Fasquelle.

벌였다"라고 졸라는 쓰고 있다.

그러므로 병은 아들에 대한 라캥 부인의 극진한 사랑의 시발점처럼 보인다. 아무튼 그것이 작가의 설명이다. 우리는 반복해서 재발하는 이 병들에 대해 의문을 던질 수 있다. 선택받은 관계를 맺기 위한 무의식적인 수단은 아니었을까, 라고. 아들이 어린아이로 남아 있기 위한 수단(역시 무의식적인)은 아니었을까? 어머니가 자식을 혼자 소유하기 위한 수단은 아니었을까? 이 경우는 소설이므로 순전히 사변적인 가정들밖에는 내세울 수 없지만.

카미유 라캥은 성인의 나이가 되어서도 '작고 허약한' 존재이다. 가냘픈 사지의 그는 느리고 지친 동작으로 움직인다. "그의 이런 연약함 때문에 어머니는 그를 더욱 사랑했다"고, 작가는 서둘러 명시한다. 그리고 "어머니는 아들의 처량해 보이는 파리한 작은 얼굴을 상냥한 눈길로 득의양양해서 바라보았다. 죽을 뻔한 아들을 자기가 살려 놓았다고 생각했다"고 되어 있다.

그렇다면 이 소설에서 아버지의 역할은 무엇인가? 소설가는 그에 대해 침묵하며 단 한마디도 언급하지 않는다. 아버지는 육체적으로 현존하지만 정신적으로는 완전히 부재하는 것처럼 이야기가 진행된다. 아버지는 전혀 중요치 않다는 듯이. 졸라는 그같은 침묵으로 아버지의 존재를 전면적으로 부정한다.

라캥 부인과 아들은 그처럼 완전한 혼융의 관계 속에 있다. 병적인 혼융의 관계. 사촌 테레즈와 결혼을 한 후에도 그는 아주 의존적인 존재로 남는다. 고아인 테레즈 역시 라캥 부인의 손에서 자랐다는 사실을 알아야 한다. 그러나 그녀는 카미유와는 전혀 다른 성격

의 소유자라고 작가는 말한다.

매우 소유욕이 강한 어머니와 함께 부부는 같은 집에서 살게 된다. 그러나 카미유가 결혼식 1주일 뒤에 분가하기로 마음먹는 순간 어머니의 적개심에 부딪친다. 아들의 삶을 주도해 온 어머니는 "어떤 사건도 이 삶에 변화를 가져오지 못하도록 한다……."

아들이 고집을 부리자 어머니는 선수를 쳐서 더한층 당당하게 행동을 밀고 나가 파리에 집을 마련해 다시 세 사람이 함께 살 수 있도록 한다. 카미유는 늘 그렇듯이 연약한 모습으로 순종한다. 아내 테레즈는 수동적인 자세로 임하지만 곧 반발하게 된다.

파리에서 우울하고 조용한 삶이 전개된다. 테레즈는 여전히 어린 아이로 남아 있는 남편과 어딜 가나 그녀 곁을 따라다니는 시어머니 사이에서 고통스러워한다. 저녁이면 친구들이 찾아와 도미노 게임을 한다. "테레즈는 자신이 함께 갇혀 버린 이 불길하고 그로테스크한 인물들 가운데 단 한 명의 남자도, 살아 있는 존재도 찾아낼 수 없었다……."

그러다가 로랑이라는 남자가 그 삶 속으로 들어오는 순간 그녀는 몹시 놀란다. "그녀는 한번도 진정한 남자를 본 적이 없었다"고, 졸라는 우리에게 말한다. 이 남자의 도래와 함께 우리가 아는 비극이 시작된다.

물론 우리는 소설을 읽고 있으며, 그것도 아주 특별한 경우를 다룬 소설이다. 카미유는 어린 시절 치러야 했던 병들 때문에 점점 더 의존적인 인간이 되어간 것이다. 여기서 우리는 개인성의 부재가 어느 정도까지 파괴적인 결과를 초래할 수 있는지 목격하게 된다.

> 카미유는 성인이 될 수도, 자율적이고 독립적인 인간이 될 수도 없었다. 말하자면 자신만의 삶을 갖고 있지 않았던 것이다. 그리하여 그는 부재하는 남편임이 드러난다.

소설 속의 이 비극적인 관찰을 통해 우리는 홀로 자식을 키우는 어머니들에 대해 말할 수 있게 된다. 이 관찰은 같은 상황 속에서 초래되는 큰 위험을 정확히 진단하고 있기 때문이다.

앞서 말했듯이, 전통적인 가정 역시 아이가 독립적인 인간이 되는 과정에서 분명한 성공의 담보가 되어 주지는 않는다. 그러나 어머니가 자식을 혼자 키울 경우, 자식이 독립적인 인간이 되는 데에는 더 큰 어려움이 따른다. 물론 어머니가 여성의 자아를 실현하며 풍요로운 삶을 살고 있다면 문제는 달라지지만 말이다. 이 경우 위험은 전통적인 도식에서만큼 대단치 않을 수 있다.

육체적인 현존보다 더 중요한 것은 정신적인 현존이다. 아버지를 잃었어도 어머니가 아이에게 아버지에 대해 긍정적인 인상을 심어 주는 경우도 있는데, 이때 어머니는 아버지에게 상징적으로 중요한 자리를 부여하게 된다. 나아가 어머니에게 이런 시련들을 극복할 힘이 있다면, 아이들은 세상에서 훌륭히 자신의 삶을 꾸려 갈 수 있는 기회를 누린다. 아버지가 엄마의 마음속에서 정신적으로 존재하느냐가 중요하다. 엄마가 오로지 아이에게 관심을 쏟지 않기 위해서. 아버지는 하나의 지표이며, 이 지표에서 출발해 아이는 자신의 위치를 정하게 된다. 어머니와 단둘이 되는 경우 아이는 어머니와의 혼융이라는 위험에 처하며, 최선의 경우에도 오직 한 사람과의 관계 속에서 자신

을 정립하게 된다. 그러나 아버지가 있으면 아이는 두 사람과의 관계
속에서 자신을 정립하며, 그리하여 자신의 정체성을 보다 굳건히 확
립할 수 있다.

그러면 이제 우리의 화제를 가다듬어 기본 지표들 및 그 목표가 무
엇인지 좀더 자세히 밝히기로 하겠다.

우리가 제1장에서 시도한 관찰들 및 지표들에 대해 내린 정의를 바
탕으로 네 가지 지표를 구분해 볼 수 있겠다.

- 안정감을 심어 주는 지표들.
- 정체성을 부여하는 지표들.
- 소속감을 유발하는 지표들.
- 쾌락을 주는 지표들.

안정감을 심어 주는 지표들: 안전을 위한 지표들

지표의 첫번째 목표들 가운데 하나는 안정감의 부여이다. 이 탐색
은 의식적이기보다는 훨씬 무의식적으로 이루어지지만 말이다. **어머
니의 제일가는 관심사들 가운데 하나는, 아이를 신체적 · 정신적으로
보살펴 훌륭히 성장하는 데 필요한 평안함을 마련해 주는 것이다.**

이 평안함을 가장 잘 확보해 줄 수 있는 지표들이 무엇인지 본서에
서 살펴볼 것이다.(제4장 이하) 그러나 어머니의 보살핌이나 그 결과
가 어떻든 완전한 안정감을 주기는 불가능하다. 그러려면 그 누구도
자신할 수 없는 상당한 역량이 요구된다. 게다가 어린아이의 발달은

너무도 신속히 이루어져 쉴새없이 개인별 적용의 재정비를 필요로
한다. 이같은 재정비는 불안——대부분의 경우 일시적인 현상이지만
——의 원천이다. 불안은 인간의 일부이다.

그러면 불안의 문제에 대해 생각해 보기로 하자. 불안은 불안정의
결과물로서, 모든 불안정은 불안을 초래한다. 이 불안은 소위 말하는
반응성 불안으로서 일시적인 것일 수 있지만, 반대로 어느 정도 심각
한 상태로 지속될 수도 있다. **지표의 변화는 불안정을 초래하며, 불**
안을 자아낼 수도 있다.

성장기 아동은 신체적·정신적으로 수많은 변화를 겪으며, 그가 겪
는 불안의 원천 또한 다양하다. 어른 역시——그보다 더하진 않더라
도——불안에 빠질 수 있다. 누가 도와 주지 않는다면 아이들은 일찍
부터 크고 작은 불안감에 빠질 수 있다. 문제는 아이들의 경우 이 불
안이 언어로 표출되지 않는다는 점이다. 대신 그의 몸이나 행동거지,
또는 학업 성적으로 표출된다. 그러므로 안전을 위한 지표들에 관한
한 그 결과물인 불안증에 대해 언급하지 않을 수 없다.

어린아이의 불안과 불안증

오늘날엔 불안(anxiété)과 불안증(angoisse)이 동일시된다. 이론상으
로 불안은 그저 심리적 현상인 반면, 불안증에는 신체적 요인이 첨가
된다. 그러나 실제로 어떤 신체적인 현상(땀, 떨림, 오줌 마려움, 두통,
불면증 등)을 전혀 동반치 않는 불안은 거의 없다. 때문에 불안과 불

안증을 구분하지 않고 뒤섞어 쓸 수도 있다. 불안은 우리 각자의 정신적인 구성 요소이다. 불안은 우리를 보존하고 새로운 환경에 대처케 한다는 점에서 필요한 무엇이라고까지 말할 수 있다.

간단한 일례로, 시험 준비 때 느끼는 불안을 들 수 있겠다. 이런 정상적인 불안은 우리가 새로운 시련에 대비할 수 있도록 해준다. 또 우리가 몇 가지 적절한 전략을 세워 이러한 시련을 통과하고 넘어서도록 한다. 그렇게 본다면 불안은 성공의 수단이다.

그러나 불안이 다소 병적인 것이 되어 버리면 문제는 달라진다. 이 경우 불안은 도가 지나쳐 도움이 되는 대신 마비 상태에 이르게 하거나, 심한 불이익을 가져다 준다. 교육심리학에 의하면 불안한 아이는 매일 기분이 변하며, 불안의 강도에 따라 어느 정도 불이익을 당할 수 있다. 아래에 묘사된 줄리아는 경미한 반응성 불안을 겪고 있는 경우이다.

줄리아, 어깨 위의 작은 요정

수주 전부터 줄리아의 어머니는 어찌해야 좋을지 모르고 있다. 지금까지는 어린 딸과 완벽한 관계를 유지해 왔었다. 의논을 하거나 웃음을 터뜨리거나 속내 이야기를 하거나 간에 모녀간의 관계는 더 없이 좋았던 것이다.

그런데 몇 달 전부터 상황이 나빠졌다. 줄리아와 엄마 사이가 서먹서먹해졌다. 뿐만 아니라 더 이상 말도 안하게 되었다. 어제의 둘

도 없이 친밀한 관계 대신 어색하고 냉랭한 관계가 들어서고 대화도 끊겼다.

결국 몹시 걱정이 된 어머니는 내게 도움을 요청해 왔고, 나는 줄리아를 만났다.

일곱 살 반인 줄리아는 눈에 띄게 발랄한 소녀였다. 탐색하는 듯한 시선은 미소와 생기로 넘쳤다. 줄리아는 앞에 있는 이 어른이 자신에게 무엇을 원하는지 궁금한 듯 바라보았다. 어투를 통해 나는 줄리아가 어른들과도 스스럼없이 대화하는 데 익숙하다는 사실을 곧 알 수 있었다. 따라서 줄리아와의 면담은 아주 친밀한 분위기에서 이루어졌다. 줄리아는 존경할 만한 사람들과 그렇지 않은 사람들에 대해 말했다. 이 점에 관한 한 줄리아는 아주 분명하고도 편향된 의견을 갖고 있었다. 즉 자신이 좋아하거나 좋아하지 않는다는 식으로. 줄리아의 명단 속에는 여교사들의 이름도 모두 포함되어 있었다. '멋진' 선생님이 있는가 하면, '싫어하는' 선생님도 있었다. 이유가 뭐냐는 물음에 곧 듣게 된 답변은 "그 선생님은 날 좋아하지 않아요"였다. 그걸 어떻게 아는지 묻자 "날 바라보는 눈매를 보면 알아요"라고 대답했다. 시원한 눈매에 단호한 목소리를 한 이 소녀는 거침없이 생각을 털어놓았다. 이 나이의 어린 소녀에게서는 보기 드문 일이었다. 여러 달 동안 그녀의 학급을 맡았던 대리 교사에 대해 묻자 "근사했어요!"라고 말한 뒤, "하지만 난 선생님의 빨강·초록·노란색…… 바지는 마음에 안 들어요"라고 대답하며 웃음을 터뜨렸다.

수개월 전 줄리아에게 남동생이 생긴 사실을 안 나는, 그것이 기

쁜지 물었다. 줄리아는 웃었지만 처음으로 난처한 표정을 지으며 "이상한 질문이네요……"라고 대답했다. 그리고 거북하다는 듯이 의자 위에서 몸을 비틀며 "전엔 장난감이 더 많았는데, 지금은 전보다 적어요……"라고 덧붙였다. 이 남동생에 대한 이야기를 꺼내자 줄리아는 분명 당황하는 듯싶었으며, 훨씬 덜 자연스러워졌다. 더 하고 싶은 말이 있는지 묻자 "있어요. 하지만 비밀이에요. 말할 수 없는……"이라고 대답했다. 그래서 우리는 다른 화제로 넘어갔다.

그러면 엄마한테는 말할 수 있는지 묻자 "엄마하고도 대화가 잘 안 돼요"라고 대답했다. 왜 그런지 설명할 수 있느냐고 나는 물었다. 그러자 줄리아의 입에서 놀라운 답변이 나왔다. "이유는 모르겠어요. 뭔가 머릿속에서 그걸 말해선 안 된다고 명령해요. 요정 아니면 악마일 거예요."

"요정 아니면 악마라고?" 내가 물었다. "그래요. 내 한쪽 어깨엔 작은 요정이, 다른 한쪽 어깨엔 악마가 앉아 있거든요. 그런데 누구 말을 들어야 할지 모르겠어요…… 난 늘 악마의 말을 듣고 말지만." 그러면서 줄리아는 서둘러 덧붙였다. "내가 그러는 건 악마가 요정의 목소리를 하고 있기 때문이에요." 악마는 교활한 작자임을 증명해 주는 대목이기도 했다. 줄리아가 다시 말했다. "내가 번번이 덫에 빠지고 마는 건 악마가 작은 요정의 목소리를 하고 있어서예요……."

이 모두가 아무 악의 없이 자연스럽게 이야기되었다. "바보짓을 했을 땐 곧 바로잡으려고 애써요"라고 줄리아는 말했다. 엄마에게 은제 하트를, 남동생에게 저금통을 선물한 것도 그 때문이었다…….

잠은 잘 잔다고 했다. "좀 걱정이 있기는 하지만"이라고 덧붙이면서. "이따금 배가 아프거나 가슴이 아프다"고도 했다. 이런 가슴-배의 관련성이 놀라운 일은 아니다. '복통'은 불안이 신체적으로 표출되는 일례임을 우리는 알지 않는가. 줄리아는 불안했던 것이다. 줄리아의 병적인 다변증이나, 잠시도 가만히 있지 못하고 움직이는 것도 마찬가지 증상들이었다. 게다가 줄리아는 천식까지 앓고 있었다. 작은 요정으로 상징되는 죄의식, 즉 강박증 환자에게서 더한층 두드러지게 나타나는 이 죄의식까지 한몫한 것이다. 학업에도 어려움을 겪고 있어 "요즘은 성적이 좋지 않아요"라고, 자신도 인정했다.

그러다가 면담이 끝나 갈 즈음에 줄리아는 "제 비밀을 듣고 싶으세요?"라고 물었다. 나는 물론 줄리아가 하고 싶은 대로 하도록 내버려두었다. 줄리아는 재빨리 말을 늘어놓았다. "일전에 엄마한테 말했어요. 다른 엄마가 있었으면 좋겠다고!" 나중에 이 일에 대해 엄마와 이야기를 나눈 적이 있는지 나는 물었다. "아니오"라는 짧은 답변이었다. 그날 이후로 엄마와의 관계가 나빠졌던 것 같다. 엄마에게 내가 그 일에 대해 말했으면 좋겠는지 묻자 "네, 그랬으면 좋겠어요"라고 대답했다. 대변인을 갖게 되어 안심이 되는 듯싶었다.

나는 줄리아의 엄마를 만났다. 내 앞에 마주 앉은 그녀는 너그럽고 따뜻하며 딸을 걱정하는 어머니였다. 그녀는 괴롭고 고통스러웠던 자신의 어린 시절에 대해 이야기했다. 4세 때부터 이미 유모의 손에 자란 그녀는 대화와 나눔의 부족으로 괴로워했다고. 그래서 자기 딸과는 늘 대화를 나누려 했으며, 딸에게 자신이 누리지 못한 행

복하고 완벽한 유년 시절을 꼭 마련해 주고 싶었다고.

그러다가 줄리아의 남동생 다미앙이 태어났다. 초산 때보다 임신 기간을 훨씬 어렵게 치러야 했던 어머니는, 딸에게 여느 때처럼 신경을 쓸 수 없었다. 또 남동생이 태어나면서 줄리아와 어머니의 관계에 제3의 침입자가 끼어들게 되었다(줄리아는 이런 식으로 사태를 파악하고 있었다). 깊은 불안감의 표현에 불과한 "엄마를 바꾸고 싶어요!"라고 말한 사건이 이렇게 해서 일어난 것이다. 다미앙이 태어나면서부터 줄리아에게 닥친, 버림받았다는 느낌에서 기인한 불안감이었다. 마침내 이 문제에 이르자 줄리아의 어머니는 가슴을 가리키며 딸의 말이 '못을 박았다'고 했다. 그리고 그때부터 어머니 자신도 딸에게 말을 걸 수 없었다고.

좋은 엄마가 되기 위해 그동안 온갖 노력을 기울여 온 만큼 더더욱 그랬다. 그녀는 딸의 지적이 불공평하다고 생각했다. 그리고 딸을 기숙학교로 보낼까도 생각했다고…….

그후 악순환이 시작되었다. 줄리아는 엄마가 자기에게 '관심이 없다'고 비난했고, 엄마는 딸이 '불공평하다'고 나무랐다. 서로간의 몰이해만이 있을 따름이었다. 모녀 사이엔 지나칠 만큼 강한 유대감과 친밀감이 유지되어 왔었는데, 그 원천은 엄마의 불행한 어린 시절에 있었다. 어머니는 자신이 감수해야 했던 고통스런 방법과는 반대로 딸을 교육시킨 것이다.

이런 관계에 어머니와 딸 각자 안에 깃들어 있던 불안의 문제가 대두되었다. 이 현상은 죄의식을 증폭시켰을 뿐 아니라(불안한 어머니는 늘 자신이 완벽한 어머니인지 자문했고, 딸은 자기가 하는 일이

옳은지 그른지를 자문했다. 학업 성적의 부진도 종종 그렇게 해서 설명된다), 과장된 해석을 낳기도 했다(사건들의 의미가 사건 자체에 비해 더없이 부풀려 해석되었다). 엄마와의 관계가 위기에 처했다고 생각한 줄리아는 사태에 걸맞지 않는 말을 입 밖에 내고, 엄마 역시 과민한 반응을 보이게 되었다. 이 사례를 통해 우리는 불안감이 어떻게 사태를 확대시켜 놓는지 알게 된다.

그후로 모녀는 각자의 입장에 머물러 있었다. 불안감 때문에 태도가 경직되어 고통스러워하면서도 화해가 불가능해졌다.

줄리아의 어머니에게 나는 이 모든 사실을 설명하면서 사태를 너무 심각하게 보지 않도록 충고했다. 특히 엄마에 대한 줄리아의 사랑이 변함없다는 점과, 단지 불안감 때문에 줄리아가 그런 말을 했음을 이해시켰다. 그녀는 내 설명을 충분히 이해했다. 어머니는 자신감을 갖고 딸에게 진실을 털어놓았고, 최근 들어온 소식에 의하면 줄리아는 어머니와 전처럼 대화를 나눌 수 있게 되었다고 한다. 앞서 나는 어머니-자식이라는 이 강한 유대감을 강조하면서, 어머니가 다른 사람들을 신뢰하는 것과 아버지에게 더 큰 자리를 마련해 주는 것이 중요하다는 사실을 명시한 바 있다. 자녀와 친밀하게 지내는 것은 좋지만, 너무 친밀하다 보면 자녀가 차분히 타인들에게로 나아가는 것을 막을 수도 있다. 오로지 어머니만이 자녀가 그럴 수 있도록 정신적으로 도와 줄 수 있다. 하지만 아버지도 기회가 닿는다면 그런 도움을 줄 수 있다.

정상적인 불안, 병적인 불안

정상적인 불안은 우리가 어떤 환경에 적응토록 해주는 반면, 병적인 불안은 대대적인 방어의 전략들이 자리잡게끔 한다. 우리가 만족스런 방식으로 적응치 못하도록 하는 전략들이다.

바로 우리 자신의 불안의 정도에 따라 차후 우리는 어느 정도 일관성 있게 우리에게 안정감을 주는 지표들을 찾아나서게 된다. 따라서 아이에게도 이 안정감을 주는 지표들을 주는 것이 중요하다. 아이는 평생에 걸쳐 이 지표들을 자신의 것으로 만들어 나갈 텐데, 우리는 그런 지표들을 **안전을 위한 지표들**이라 부를 것이다.

모든 신경 질환은 불안에 근거하며, 안전을 위한 견고한 지표들이 내면화되지 못했기 때문임을 오늘날 이해하게 되었다.

프로이트 역시 평생 인간의 내면 세계를 탐구한 뒤 한 마지막 저서에서 다음의 결론에 이르렀다. 즉 모든 신경증 증후 뒤에는 불안이 숨어 있다는 사실이다. 1930년에 발표된 《문명의 불안》에서 그는 다음과 같이 말한다. "의식과 관련해 불안은 여러 특이한 변이물을 제공한다는 걸 알 수 있다. **아무튼 모든 증후 뒤에 불안이 숨어 있다.** 때론 불안이 의식의 전체 영역을 느닷없이 침공하는가 하면, 때론 자신을 너무도 완벽하게 은폐하여 무의식적 불안에 대해 말하지 않을 수 없도록 한다."

이 불안의 이론을 프로이트는 1926년에 발표한 그의 저서 《심리적 억제, 증후와 불안감》에서 보다 깊이 있게 전개시키고 있는데, 다음

박스 안의 글은 그 발췌문이다.

불안(혹은 불안증)은 안전의 느낌을 상실하는 것이다. 무엇이 우리를 불안케 하는지 설명 가능하다 해도 그 원인이 무엇인지는 아무도 명확히 정의 내릴 수 없다는 점에서(심도 있는 연구 없이는) 그것은 무의식적인 현상이다. 아주 단순한 예가 그 이해를 돕는다. 즉 불안증 환자가 걸핏하면 하는 말이 있다. "난 흙둑으로 태산을 만들어"라든지 "아무것도 아닌 일로 걱정해"라는 말이다. 그 이유는 알 수 없으면서 그저 그 사실을 확인할 따름이다. 자신이 불안해함을 깨달으면서 결국 그 사실을 정당화한다. 그가 '흙둑'으로 '태산'을 만든다면,

---

프로이트가 말하는 불안[2]

[⋯] 이 두번째 가정에 따르면, 모든 경우에 증후가 나타나는 것은 불안을 피하기 위해서이다. [⋯] 불안은 근본적인 현상이며, 신경증의 주요 원인이다.

이 두번째 주장이 적어도 부분적으로는 근거가 있음을 눈에 띄는 여러 사례를 통해 알 수 있다. 광장공포증 환자와 함께 길을 걷다가 혼자 버려두게 되면 그는 끔찍한 불안에 사로잡힌다. 그리고 강박증 환자가 무언가를 만진 다음 손을 씻으려 할 때 그러지 못하게 막는다면 그 역시 견딜 수 없는 불안에 휩싸인다. 그러므로 함께 동행한다는 조건이나 손을 씻고 싶다는 충동적 행동은 이처럼 불안이 표면화되는 것을 막기 위한 목적 혹은 결과이다[⋯].

---

2) 지크문트 프로이트, 《심리적 억제, 증후와 불안감》, PUF, 1981.

그건 그의 불안감——무의식적인——이 반향을 일으켜 문제를 엄청나게 부풀려 놓기 때문이다. 불안해하지 않는 이웃이 보기엔 아주 사소하거나 전혀 중요치 않은 문제를.

어린아이의 경우 불안은 탄생의 순간에 '태어난다'고 할 수 있다. 정신분석학자 오토 랑크는 탄생의 정신적 외상에 대해 말한 바 있다. (바로 이 랑크의 이론이 프로이트로 하여금 불안에 대한 자신의 이론을 재고토록 했음을 기억하자. 프로이트가 랑크의 이론을 그대로 받아들인 것은 아니지만 말이다.)

의식적이든 무의식적이든 지표의 상실은 불안의 원천이 된다고 생각할 수 있다. 변화는 모두 불안의 원천이다. '통제 가능한' 익숙한 자리로부터 그 모든 변수를 제어할 수는 없는 미지의 자리로 옮아가기 때문이다. 탄생도 그같은 상처들 가운데 하나이다. 익숙한 지표들로부터 미지의 지표들로 옮아가는 것이다. 이 미지의 지표들이 우리를 어디로 데려갈지 알지 못한 채. **이렇게 볼 때 일체의 지표들이 혼란에 빠진 우리 시대는 특별히 불안하다는 사실을 이해할 수 있다.**

우리의 관심의 대상인 어린아이는 생후 수개월, 수년을 이처럼 불안한 상황들을 변화시키는 데, 말하자면 이 상황들에 대처하는 데 보낸다. 그것을 도와 주는 누군가가 곁에 없다면 아이는 여지없이 불안에 빠진다. 안전을 위한 지표들과 이 지표들을 전수하는 인물의 중요성이 이렇게 해서 부각된다. 그러므로 본서에서는 불안증에 빠진 어머니의 문제를 피해 갈 수 없게 된다.

불안해하는 어머니

모든 어머니는 불안해한다. 정도의 차이는 있지만, 어머니가 불안해할수록 자녀에게 안정감을 주기가 어려워진다.

그러나 문제를 더 깊이 파고들기 전에 우선 이런 어머니들을 안심시켰으면 한다. 우리는 이 어머니들에게 책임을 묻거나 죄의식을 갖도록 하지 않을 것이다. 지나친 불안감에 사로잡힌 어머니라면 그녀 자신이 우선 희생자라는 사실을 우리는 누구보다 잘 알기 때문이다. 그녀는 자신이 느끼는 불안의 희생자로서, 과거를 들여다보면 현재 느끼는 불안의 원인이 반드시 있다……. 우리는 이런 어머니를 책망하지 않을 것이며, 그보다는 어떤 해결책을 찾기 위한 시발점에서 도움을 주고자 한다.

어머니 자신이 안정감을 느끼지 못하고 몹시 불안해할 경우, 아이가 필요로 하는 안정감을 줄 수 없다. 어머니는 종종 아이를 과잉보호함으로써 이러한 양상을 벌충한다. 아이에게 무슨 일이 생길까 봐 노심초사하며 아이를 모든 위험과 난관으로부터 보호하려 든다. 그러나 어머니의 이런 과잉보호는 어린 자녀가 삶의 난관들을 극복하지 못하도록 막는다. 홀로 난관에 직면한 순간, 아이는 그것을 극복할 수 없게 되는 것이다. 아이는 '극복의 수단'을…… 실제로 한번도 손에 넣을 수 없었던 수단을 상실한다.

불안해하는 어머니를 더한층 당혹케 만드는 게 우리의 의도는 아니다. 우리는 다만 어머니가 죄책감을 느끼지 않고 깨달을 수 있도록

돕고자 한다. 다시 한 번 강조하지만, 불안해하는 어머니 자신이 이 불안의 첫번째 희생자이다. 그녀 자신이 한번도 완전한 마음의 평화를 느껴 본 적이 없기 때문이다. 이때 조금이라도 평정을 되찾기 위한 제일 좋은 방법은 도움을 받는 것이다. 즉 정신 치료를 통해 자신이 느끼는 불안의 원인을 재발견·재경험함으로써 이 불안을 내몰 수 있다.

우리는 자주 이런 어머니들을 마주친다. 그들의 불안이 그렇게 심각하지 않다면 몇 차례의 면담을 통해 도움을 줄 수 있다. 반대로 그 정도가 심각할 경우, 보다 지속적이고 긴 시일에 걸친 도움을 받는 것이 좋다.

다음에 묘사된 줄리에트의 사례는, 심한 불안을 겪고 있을 때조차 다양한 도움이 제공된다면 아이가 어느 정도 내면의 평화를 찾을 수 있다는 사실을 우리에게 보여 준다.

줄리에트, 중계 지표들의 중요성

줄리에트를 만나 보라는 요청을 받았을 때 줄리에트는 CP 학급이었다. 정확히 말해 CP 학급으로 강등된 상태였다. CE 1학급에서 학업 성적이 부진했기 때문이다(CP-CE 1은 6-8세 아동을 대상으로 한 학급이다).

줄리에트는 곧 7세가 될 것이었다. 심각하고 진지한 표정을 한 곱슬머리 금발의 소녀.

면담은 정상적으로 이루어졌다. 이 어린 소녀는 너무 서두르거나 머뭇거리지 않고, 또박또박 질문에 대답했다. 줄리에트는 엄마와 단둘이 산다고 했다. 아버지는? 하고 물었더니, "아빠는 먼 데 살아요. 다른 여자랑 결혼했거든요……"라고 털어놓았다.

줄리에트의 방은 장난감들로 가득하다고 했다. 인형, 자동차, 전화, 신부용 가장복 등……. 줄리에트는 일정한 거리감과 분석력을 지니고, 차분한 어조로 말했다. 자기 방이 있기는 하지만, 그래도 엄마와 함께 잔다고. 매일 밤? 이라고 물었더니, "네, 매일 밤이오"라고 대답했다.

줄리에트는 자신을 명랑하고…… 꿈 많은 소녀로 묘사했다. 그리고 최근에 전학을 했노라고 말했다. 작년에 줄리에트는 CP 학급이었는데, 엄마는 이 학교의 여교장 선생님을 좋아하지 않으셨다고 했다.

앞에 앉은 소녀는 전체적으로 보아 조용하고 내성적이며 좀 불안해 보이긴 해도 거리를 두고 묘사하고 분석할 줄 아는 소녀였는데, 그건 좋은 징조였다. 즉 자기 주장과, 객관적인 언어화 능력을 증명하는 것이었으니까. 그렇긴 해도 줄리에트는 학업 성적이 부진했으며, 이해 능력 특히 읽기에 어려움을 겪었다. 당시 줄리에트는 발음 교정을 받고 있었다. 우리는 줄리에트의 어머니를 만나 보았는데, 그녀는 몹시 불안해 보였다. 병적인 다변증에다, 간혹 말을 더듬기까지 했다. 침묵이 두려운 듯 쉴새없이 이야기를 이어갔다.

줄리에트의 어머니는 학업 성적을 포함해 딸에 대해 몹시 걱정스러워했다. 딸을 전학시킨 것도 그 때문이었다. 무엇보다 여교장 선

생님과의 관계가 불편하고 어려웠다. 딸의 성적에 너무 신경을 쓰다 보니 지나친 간섭을 하거나 요구가 많았는데, 여교장 선생님을 견딜 수 없게 만든 것도 이 점이었다.

어머니는 심한 불안 증세가 있어 정신 치료까지 받아야 할 정도였다. 이 치료는 도움이 되었지만 마음의 평화를 주지는 못했다. 그래도 이런 도움이 있다는 게 중요했다. 그것은 어머니에게 버팀물이 되어 주었으며, 딸에게도 여파를 미쳤다.

어머니에겐 줄리에트가 어른의 역할을 대신했다는 사실이 대화를 통해 드러났다. 줄리에트에게 엄마가 필요한 만큼 엄마 역시 줄리에트를 필요로 했다. 큰 불안에 빠진 어머니는 어머니의 역할(특히 학교에 대하여)을 버리고 아이의 역할을 맡게 된 것이다.

어머니는 자살을 기도하기까지 했으며, 그후로 줄리에트는 걱정없이 어머니를 내버려둘 수 없게 되었다······. 어머니 곁에 있어야 정말로 안심이 되었다.

이런 복잡한 상황에 직면해 나는 줄리에트에 대한 심리학적 추적에 착수했다. 줄리에트가 근심 걱정을 떨쳐 버릴 수 있도록, 또 안정감을 주는 견고한 지표를 심리 치료를 통해 발견할 수 있도록 하기 위해.

어머니한테는 계속 심리 치료를 받도록 격려하고, "학교에서 하는 대로 내버려두도록" 당부했다. 나는 줄리에트가 안정된 학교 생활을 하도록 신경썼다. 학교 역시 견고하고 안정된 환경으로 여겨지도록. 어머니에게는 더 이상 새로운 학교를 찾아다니지 않도록 부탁했다. 그래도 혹 걱정이 되면 나와 의논해 달라고 했다. 어머니는

차츰 적응해 나갔고, 나를 급히 찾거나 전화를 거는 일도 뜸해졌다. 그후 면담 때마다 그녀는 줄리에트의 학교 생활에 대해 물었다. 불안증에 걸린 어머니 자신이 스스로의 향상을 가늠키 어려웠다. 그래서 줄리에트가 손에 책을 들고 있어도 마음을 놓을 수 없었다. "일부러 그러는 거예요. 그 앤 일부러 모르는 척하는 거지요"라고 하며. 그녀가 자신도 모르게 불안감을 딸에게 퍼뜨리고, 이 불안감이 딸을 마비시키노라고, 나는 그녀에게 설명해 주었다. 줄리에트가 '일부러' 그러는 게 아니라고, 그건 불안에 맞서기 위한 줄리에트만의 방법이라고.

이 복잡한 사태의 경우 긍정적인 점은, 줄리에트의 어머니가 난관을 인식하고 그녀에게 내밀어진 도움의 손길을 받아들였다는 사실이다. 개인적인 도움, 줄리에트를 위한 도움, 학교에 대한 신뢰, 그리고 내가 이따금 제안한 면담 수락. 이것들이 모두 줄리에트를 보호할 수 있었던 지표점들이었다. 줄리에트는 어렵잖게 읽는 법을 배웠고, 줄리에트를 맡은 여교사도 아주 긍정적인 입장을 표명했다. 줄리에트가 학교에서 침착하고 안정된 모습을 보인다고 말하며……

줄리에트가 위험으로부터 완전히 벗어났다고 단언하기엔 아직 이르다. 그러나 당장에 말할 수 있는 건, 이런 다양한 도움과 어머니 편에서의 수락이 없었다면 이 소녀의 현재와 미래가 분명 큰 타격을 입었으리라는 점이다.

줄리에트의 사례를 통해 우리는 이해하게 된다. 즉 어머니라는 주

요 지표가 아주 불안정한 상태에서 고통받을 때, 견고한 외부의 지표들, 중계 지표들로 아동에게 진지한 도움을 제공할 수 있다는 사실이다. 어머니에 의해 제공되는 이 중계 지표들에 힘입어 아이는 어떤 안정감, 보다 큰 평온을 발견한다.

완전한 안전은 없다

아무튼 특별한 경우를 제외하고는 우리 중 누구도 완전한 평온을 누릴 수 없다. 이 주장에 거센 반론을 펴는 이들이야말로 불안에 직면해 가장 대대적인 방어 태세를 취하는 이들이다.

예컨대 일에 대부분의 시간과 노력을 바치는 사람은 자신이 불안해한다는 사실을 좀체로 인정치 않을 것이다. 그는 패주(敗走)의 메커니즘이라는 단순한 메커니즘에 복종하고 있어, 늘 좀더 멀리 도망치면서 스스로에게 문제 던지기를 회피한다. 단 하나의 지표에 완전히 몰두하는 사람은 분명 매우 불안해하는 자로서, 이 유일한 지표에 더욱 몰두함으로써만 구원(정신적 휴식)을 찾는다.

반대로 어느 정도 안정감을 누리는 사람은 여러 지표를 갖는다. 이 지표들에 비추어 그는 자신의 정체성과 자유를 보존하며 타인을 존중한다. 아마도 현자와 성인들만이 지표 없이 살아갈 수 있을 것이다. 자아에 대한 고된 탐구를 거친 이 사람들은 외적 지표라는 버팀대를 더 이상 필요로 하지 않는다. 창조적·천재적 인물들의 행위는 기존에 확립된 지표들로부터 벗어날 수밖에 없다. 그래도 자기 개인을 보

존코자 한다면 단 한 가지 영역, 즉 탐구와 창조의 영역에서만 자신의 지표들을 문제삼을 것이다. 불행히도 그에게 몇몇 지표를 보존할 능력이 없을 때 그는 어김없이 광기에 빠져 버리고 만다. 이 다른 지표들을 보존할 수 없었던 예술가들의 경우가 허다하다. 반 고흐 역시 이런 도식에 포함된다. 만일 그가 생전에 세인들의 인정을 받았다면, 그는 타인들과의 관계를 유지하고 또 구제될 수 있었을 것이다.

어린아이에게 완벽한 안정감을 부여하기란 불가능하진 않다 해도 매우 어려운 일이다. 그러나 아이에게 안전을 위한 몇 가지 지표를 제공한다면 대체적으로 아이를 보존할 수 있다.(83쪽 이하 참조)

안전을 위한 지표들의 경우 기억해야 할 점은, 처음에 이 지표들을 자리잡게 하는 것은 타인이며, 이 타인이 아이 주변에 안정된 공간을 만들어 주게 된다는 사실이다. 이 안정된 세계에서 성장하면서 타인의 보살핌(과잉보호가 아니라)에 힘입어 세상에 적응할 수 있게 된 아이는, 이 안정감을 차츰 자기 것으로 만들어 나간다. 그는 이 안정감을 정신적으로, 심지어 신진대사를 통해 내면화시킨다. 어쩌면 그의 신체 기관이 일련의 경험을 통해 모든 제어 체계를 조정하여, 미래에 그로 하여금 다양한 상황에 적응하고 최소한의 노력으로 맞설 수 있도록 한다. 이 모두는 가정에 불과하지만, 매일 수많은 아이들을 관찰하면서 얻은 결론은 그것이 정신적 차원뿐 아니라 생리적 차원에서 이루어진다는 사실이다.

아주 단순한 일례로 우리가 일을 통해 만나게 된 수십 명의 교사들을 들 수 있다. 이들 가운데 일부는 개인적인 어려움에 처해 있다. 그런데 이런 문제에 직면해 영향을 받는 것은 약한 아동들이다. 가장 큰

불안정을 겪는 아동들은 내면의 안정이라는 중요한 힘이 결여된 아동들이다. 반면 다른 아동들은 어느 정도 침착하게 반응한다. 그들은 마치 중대한 자신감을 소유한 듯 행동하며, 그리하여 살아가며 부닥치는 난관들에 다른 아이들보다 수월히 대처한다.

그러므로 아이가 아주 어릴 때 이미 이 자산을 획득할 수 있도록 도와야 한다. 물론 우리 각자의 삶은 끊임없는 변화에 종속되어 있음을 기억하면서. 변화에 대처하기 위해 얼마만큼 '무장되어' 있느냐에 따라 우리는 어느 정도 안정되게 이 변화와 협상을 벌인다. 하지만 결코 완전히 평화로운 상태란 있을 수 없으므로 우리는 늘 어느 정도 안전을 위한 지표들을 필요로 한다. 어른이 되어서도 말이다.

불안에 대한 방어 수단: 변화에 대한 저항

우리는 불안을 퇴치하기 위한 여러 수단을 갖고 있다. 그 가운데 첫번째는 변화에 대한 저항이다. 변화에 대한 이런 저항을 전문 용어로 '보수주의'라 부른다. 그것은 분명 불안에 맞서기 위한 가장 효율적인 수단들 가운데 하나이지만, 병적인 것이 되어 퇴보로 이어질 수도 있다. 변화 앞에서 느끼는 불안이 너무도 커서 '역행 현상'을 유발할 수 있다는 사실을 우리는 이미 보았다. 다음 박스 안의 글은 개인이든 단체든 이 방어 수단을 사용할 수 있다는 사실을 보여 준다. 보수주의의 긍정적인 측면은 우리가 사전 대책 없이 어떤 시도와 변화 속에 몸을 던지지 않도록 막아 준다는 점이다. 이렇게 해서 우리

개인적 퇴보 ― 대중의 퇴보

보수주의는 집단적 차원에서 이루어지는 방어 양태라는 사실의 주목은 흥미롭다.

따라서 어떤 개혁이 아무리 훌륭하다 해도 국민이 선뜻 받아들이는 경우는 드물다. 새로운 것에 관한 한 국민들은 매우 불신하는 경향이 있다. 내용을 자세히 알고서야 그들은 아마도 개혁을 받아들일 수 있을 테며, 그러는 데는 여론 조성과 사상 주입을 위한 오랜 시간이 소요된다.

흥미롭게도 여러 대중적 격언에 의해 이런 망설임은 더한층 부각된다. "무엇을 잃을지는 알지만 무엇을 얻을지는 절대로 알 수 없다……" 혹은 "손에 든 하나가 손에 넣을 둘보다 낫다" "그림자를 잡으려고 먹이를 놓쳐서는 안 된다" "천천히 가는 자가 확실히 간다" 등. 그외에도 비슷한 격언을 얼마든지 찾아볼 수 있는데, 이것들은 모두 보수주의적 성격을 띤다.

《까마귀와 여우》《토끼와 거북》을 비롯한 라 퐁텐의 몇몇 우화는, 우리의 내면 깊숙이 도사리고 있는 보수주의적 측면을 강화하는 데 분명 한몫했다.

좀더 가까운 주변을 살펴보자. 조르주 브라상스는 전통주의자도 아니면서 파이프·집·아내를 떠난 걸 후회하며 노래하지 않았던가.

"[…] 내 나무 곁에서 난 행복하게 살았네.

내 나무를 떠나지 말았어야 했어.

내 나무 곁에서 난 행복하게 살았네.

거기서 눈길을 떼지 말았어야 했어."

는 적응해 나가는지 모르며, 이런 능력을 통해 무모한 모험을 피해 간다. 그러나 그것도 극에 달하면 우리의 모든 발전을 가로막고 퇴보를 조장키도 한다.

어른·아이 모두에게서 이런 현상이 발견된다. 이것은 그들이 대처할 수 없는 상황에 직면했을 때(늘 의식할 수 있는 건 아니지만) 발생한다. 격심한 불안에 빠진 그들은 심리적으로 보다 안전하다고 느껴지는 예전 단계로 돌아가는 것이다. 다시 한 번 말해 두지만, 그것은 고의적인 선택이 아니라 무의식적인 방어 전략이다.

어린아이에게서 목격하게 되는 이런 퇴보 현상은 다양한 규모로 일어난다. 간혹 반응성 퇴보 현상도 일어나는데, 이것은 단 몇 주 이어지는 데 그친다(예를 들어 야뇨증은 가장 빈번한 퇴보 양태에 속한다). 그러므로 이 현상이 지속될 경우에만 경계할 필요가 있다. 아이를 불안하게 만드는 원인을 발견하고 제거하기 위해서는 조언을 구해야 한다.

안심하기 위한 지표들: 의례

의례 또한 안전을 위한 지표들이다. 어른·아이 모두 의례를 필요로 한다. 의례가 지니는 지속적·규칙적·반복적 성격이 우리를 크게 안심시키기 때문이다. 의례는 당사자들로 하여금 변화를 공표하고 만인에게 알림으로써 통제 가능한 것이 되도록 한다. 좀더 깊이 들어가 보면 분명 시간을 초월한 성격을 띠는 의례는 무의식적으로 영원

의 느낌을 이끌어 낸다. 때문에 죽음에 대한 불안을 퇴치하기 위한 훌륭한 수단이 되어 준다.

일부 의례에는 변화가 수반된다. 세례·할례·영성체·혼인·장례를 비롯한 그밖의 종교적·세속적 의식들이 이에 속한다. 이 의식들은 어떤 이행을 가능케 하고, 변화(앞서 말한 대로 불안감을 야기할 수도 있는)에 적응할 수 있도록 해준다. 이 모든 의례는 집단 속에서 이루어짐을 알 수 있다. 이 집단의 참석과 승인은 청원자를 안심시키는한편 집단에게도 안도감을 준다. 사회 생활의 경기 규칙을 통제하는것은 바로 집단이기 때문이다.

여기서 의례는 하나의 위상에서 또 하나의 위상으로 건너가게 해주는 통과 의례를 말한다. 타인들의 참여 및 늘 존재하였고 존재하며또 언제까지나 존재하리라는 사실이 이 의례에 안전 확보의 성격을부여한다. 어린아이를 위해서도 몇 가지 의례의 실천이 무용하지는않음을 우리는 알게 될 것이다. 이것들은 목적이라기보다는 수단이다. 따라서 반대편 극단에 치우치지 않도록 조심해야 한다. 의례는안심시키기 위한 수단이지 감금하기 위한 수단이 되어서는 안 되기때문이다.

살아가는 동안 우리는 다양한 통과 의례를 치르게 된다. 첫번째는통고장과 방문, 행복한 어머니(!)와 아기에게 주는 선물을 매개로 한탄생의 의례이다. 각각의 의례 뒤에 숨은 의미의 해독은 흥미로운 일인데, 궁극적인 목적은 언제나 한 가지, 즉 안심하기 위한 것이다.

의례는 또한 소속을 위한 지표들임을 명시하면서 우리의 분석을 마무리짓고자 한다. 다시 말해 의례는 개인을 집단의 품에 정착시키기

위한 것이다. 이렇게 해서 개인은 집단에 가입하며, 집단은 이를 승인한다.

일례로 신입생을 톡톡히 골탕먹이는 신입생 환영식을 들 수 있다. 그 목적은 오직 집단을 안심시키기 위함이다. 집단은 아직 이 신참자에 대해 아는 바가 없으므로 두려움을 갖는다. 그래서 신참자로 하여금 신고식을 치르도록 해 복종시키는 것이다. '신참자들'은 순응하고 복종하고 받아들여야 한다. 이렇게 함으로써 집단은 그들을 '통제하고' '제어하며' 자체의 불안을 다스리게 된다. 오늘날엔 이 모두가 아주 상징적이다. 우리도 알다시피 이 특별한 의례들이 극단적으로 치우칠 때를 제외하고……. 이 경우 의례가 지니는 의미가 달라진다. 즉 일부는 신고식에 대한 사회적 승인을 이용하여 자신들의 가장 낡아빠진 충동이 그대로 방출되도록 하는 것이다.

수단이 되어 주는 의례는 안전을 위한 지표이다. 그러나 집중적 · 반복적으로 사용될 때 그것은 대대적인 불안을 시사한다. 반면 '미소한 분량'으로 사용된다면 일상의 작은 불안들을 퇴치하기 위한 수단이 되어 줄 수 있다.

과도 지표들: 안전을 위한 지표들

어린아이의 과도 대상에 대해 처음으로 언급한 사람은 영국의 정신과 의사 도널드 위니코트이다. 우리 아이들의 그 유명한 '탐닉 대상'이 그것이다. 어린아이에게 탐닉 대상은 외부 세계로의 이행을 가능

케 해주는 물건이다.

과도 대상의 주목적은 아이를 안심시킨다는 것이다. 그것은 아이에게 친숙하며, 보통 '안심시키는'(다른 이들에게는 역겹게 느껴질지도 모르는) 냄새가 밴 물건이다. 아이는 조금이라도 불안한 상황이 닥치면 이 물건을 찾는다. 주위 사람들이 보기엔 그다지 불안한 상황이 아니지만 어린아이는 그렇게 느끼는 것이다.

아이한테 참으로 중요한 이 물건에 대하여는 차후 다시 언급하기로 하겠다. 우리 자신은 깨닫지 못할지 모르나, 성인들에게도 안심시키는 지표들인 그들만의 과도 대상이 있다. 특정한 도구가 없으면 일을 할 수 없는 노동자, 책상 위에 가족 사진을 놓아둔 회사 간부, 그리고 이런저런 물건이나 가구를 소중히 간직하며 꼭 곁에 두려는 사람들. 프로이트 역시(12쪽) 여행을 떠날 때면 자신이 아끼는 자질구레한 장식품을 함께 챙겨 가곤 했다는 사실을 기억하자. 흔히 이런 물건들은 '정서적' 가치를 지닌다. 그것들이 있으면 우리가 편안하고 안정된 느낌을 갖게 되는 만큼 그것들은 어떤 상태나 상황을 상징한다.

과도 대상은 의례와 마찬가지로 안전을 위한 지표들이다. 그런데 그것들이 일단 미신으로 자리잡으면 큰 불안 혹은 정체성 부재의 징후로 변한다. 미신이란 바로 어떤 의례나 대상에 대한 집착을 의미하기 때문이다. 그것들이 정신을 온통 사로잡아 이제 수단이 아닌 목적이 되어 버린다. 이 경우 그것들은 개인에게 자율과 자유를 허락하는 건전한 지표들의 범주에서 벗어나고 만다.

개인화를 위한 지표들: 정체성의 지표들

개인화는 어린아이의 중요한 발달 과정이다. 아이는 이 과정을 통해 타인들과 구분되는 유일무이한 존재로 자리잡으며, 자신의 의견을 말하거나 거리를 유지하고, 자기 차례가 왔을 때 사회에서 적극적인 역할을 떠맡을 수 있게 된다.

아이는 직접적인 경험을 통해서뿐 아니라 타인들과의 관계를 통해 자신의 정체성을 깨닫는다.

"내가 '나'라고 말할 수 있는 건 사람들이 내게 '너'라고 말하기 때문"임을 알베르 자카르는 확인한다. 타인이 거기 있어 나와 관계하며 대화를 나눔으로써 내게 정체성을 부여한다. 부모가 자식과 소통함으로써 아이는 자신의 유일무이성을 자각하게 된다.

정체성이라는 다소 추상적인 개념은 어린아이에게서 매우 단순한 방식으로 구체화된다. 그것은 물론 성·이름…… 따위의 시민으로서의 정체성에서 시작된다. 이 모두가 아이에게 제대로 말해지거나 설명되지 않을 경우 초래될 수도 있는 결과들을 포함해서. 잇달아 아이와 맺는 특별한 관계, 아이 자신만의 대상들, 특별한 활동들을 통해 확립되어 나간다.

언어, 지표들의 매체

구두어이든 아니든 언어는 지표들의 매체이다. 언어를 통해 지표들이 아이에게 전달되는 것이다.

개인화 과정에 있어, 특히 대화는 이 어린 대화 상대가 온전한 상대가 될 수 있도록 부추긴다. 이 문제에 관한 한 토마의 예는 시사하는 바가 많다.

토마, 삶의 새로운 기쁨

일부 독자들은 내가 지난번 저서에서 언급한 토마를 기억할지 모른다. 그러면 이 어린 소년의 이야기를 대충 적어 보기로 하겠다.[3]

우리가 토마를 처음 만난 것은 그의 나이 4세 때였다. 유치원 교사는 마치 무슨 화초를 묘사하듯 그를 묘사했다. 즉 토마는 말이 없고 웃지도 않고 움직이는 일도 드물어서, 친구들과 어울려 놀지도 않고 늘 자기 자리에 남아 있다는 것이다. 토마의 커다란 푸른 눈은 세상을 바라보지만 텅 빈 듯싶다고.

이 어린 소년의 종합적인 상태를 듣고 나는 우려하지 않을 수 없었다. 아이에게 반향언어증〔타인의 말을 무의식적으로 반복하는 증

---

3) 장 뢱 오베르, 《요람에서 학교까지》, Albin Michel, 1996.

세]이 있음을 메모했다. (아이는 내가 무슨 말을 하면 그 마지막 단어를 그대로 따라 말했다.) 그는 같은 연령의 취학 이전 아동이 습득하고 있어야 할 그 무엇도 습득하지 못한 상태였다…….

그러나 가장 걱정스러웠던 부분은 세상에 대해 무관심한 태도, 지독히 수동적인 자세, 활기의 결핍이었다. 부모와의 면담을 통해 나는 토마의 어머니가 횡설수설하는 매우 불안한 성격의 소유자임을 간파했다. 쉴새없이 말을 늘어놓는 어머니는 아이에게 말할 틈을 주지 않았다. 토마는 말이 없었다. 누군가 대신 말을 했고, 여전히 어머니가 떠주는 밥을 받아먹었다…….

토마는 '사물화된 아이' 의 전형적인 일례였다.

그렇게 해서 나는 여러 멤버로 구성된 교육팀을 투입하게 되었다. 문제는 몹시 심각했다. 토마를 이런 상태에 방치한다면 정신병에 가까운 증세를 보일 수도 있었으니까. 교육팀의 관여는 다음과 같은 과정을 통해 이루어졌다.

 - 정신 운동 재활 과정. (이듬해에는 교육 심리 재활 과정이 잇따랐다.)

 - 임상 치료 과정. (그러나 토마의 어머니는 이 치료를 정지시키고, 아이가 발음 교정을 받도록 했다.)

 - 교사의 특별한 관심. 그리고 이듬해에는 적응 학급에서 도움을 받도록 해 교육학적 접근의 보충이 이루어진다.

 - 규칙적인 면담을 통해 부모의 상태를 파악한다. (그러나 어머니 자신은 어떤 심리적 도움도 거절했다.)

　　교육팀 멤버들이 저마다 토마에게 자유롭게 말하고 생활할 수 있는 기회를 마련해 줌으로써 토마는 차츰 실어증에서 벗어났다. 부모의 인식과 아버지의 참여로 토마는 집에서 좀더 큰 비중을 차지하게 되었다.

　　학교에서도 토마의 행동과 태도가 눈에 띄게 변해 갔다. 토마는 말하기 시작했으며, 자기 의사를 표현하고, 친구들과 함께 놀며, 욕구를 드러냈다. 무슨 활동을 제안하면 차츰 관심을 보였으며, 정성껏 그 일을 해내었다.

　　표정이 환해지고 활기를 띠었다. 미소를 짓거나 웃기 시작했다. 토마의 커다란 푸른 두 눈에는 이제 생기가 돌았다.

　　그렇게 해서 2년이 지나고, 토마는 CP 학급〔6-8세 아동 학급〕으로 진급할 수 있었다. 취학 이전에 필요한 사항들을 습득했을 뿐 아니라, 정신적으로도 하나의 주체로서 존재를 드러내며 이런저런 일에 대한 욕구를 보였다. 2년 전만 해도 나를 더없이 불안케 했던 이 아이가 마침내 어둠을 뚫고 나와 삶의 새로운 기쁨을 알게 되었다.

　　아이가 이처럼 식물 인간의 상태에 빠지게 된 것은 어머니가 아이에게 발언권을 주지도, 주체로 취급하지도 않았기 때문이다.

　　그렇다면 무엇이 토마로 하여금 실어증에서 벗어나도록 한 것일까? 무엇이 토마에게 생기를 되돌려 준 것일까? 토마가 침묵의 세계로부터 벗어나는 데는 여러 과정이 함께 작용했다.

　　1) 그의 불안한 상태에 대한 주변인들의 인식이 있었다. 이런 단순한 인식만으로도 사람들의 태도가 달라졌다. 앞에서도 강조했듯이 개인화 과정에서 가장 중요한 요소랄 수 있는 관심과 배려가 그에

게 보다 집중적으로 주어졌다. 교사도 더 큰 관심을 그에게 쏟았다.

2) 재활교육자·발음교정자·임상치료사 등의 다양한 도움이 주어졌다. 그러나 오해가 있어서는 안 되겠다. 이처럼 다양한 도움이 주어져서 토마의 증상이 개선된 것은 아니라는 사실이다. 아이에게 도움이 제공될 경우 그저 다양하다고 좋은 것은 아니다. 관계자들 각자의 역할이 모호하거나 자신의 전문 영역을 벗어날 때 다양성은 오히려 독이 된다. 반면 각자가 맡은 분야에서 소임을 충실히 해낸다면 최상의 성과를 거둘 수 있다. 실제로 현장에서의 경험이 날마다 이 사실을 증명해 준다. 관계자 저마다가 서로를 존중하며 어느 누구를 희생양으로 삼지(부모나 교사, 더 나아가서는 아이에게 잘못을 돌리며……) 않을 때 성공이 보장된다. 팀의 멤버 한 사람 한 사람이 아이에게는 지표로 작용한다. 토마는 그들과 관계를 맺음으로써 온전한 개인으로서 참된 위상을 되찾게 되었다. 자신에게 관심이 주어지자 그는 진정한 대화 상대가 되었다. 이같은 체험이 적시에 반복적으로 주어짐으로써 토마는 자신이 존재한다는 사실을, 또 자기 의사를 말할 수 있고 자신에게도 발언권이 있다는 사실을 느끼게 된 것이다.

3) 그런가 하면 부모에게도 관심을 가져, 토마의 어머니가 어떤 자각에 이를 수 있도록 했다. 죄의식이 초래되지 않도록 하면서. 분명 그녀 편에서도 토마에게 발언권을 주기 위해 신경썼으며, 아이를 다만 자기 자신의 연장으로 보지 않고 달리 이해하기 위해 노력했을 것이다. 또 아버지 편에서의 자각도 있어서, 아버지 역시 "토마의 CP 학급 진급을 돕기로" 마음먹은 걸 알 수 있었다. 특별히 아

들과 다양한 놀이를 하거나 대화를 나누면서 더 빨리 친해졌다. 이처럼 서로에 대한 이해는 누가 죄의식을 느끼거나 하지 않고 평온한 상태에서 이루어졌다.

그렇게 해서 토마를 둘러싸고, 혹은 토마와 함께 부드러운 시너지 효과가 이루어져 토마의 상태는 눈에 띄게 좋아졌다.

이 관찰을 통해 알 수 있는 것은, 토마의 지표점들이 바뀌었다는 사실이다. 처음에 토마가 자기 표현을 할 수도, 자기 존재를 드러낼 수도 없었던 이유는 불안해하는 어머니가 그것을 가로막았기 때문이다. 따라서 어머니를 돕고, 어버지를 참여시켜야 했다. 동시에 지표가 되는 다른 어른들을 토마가 '접하도록' 함으로써 자신에게도 할 말이 있음을 깨닫도록 해야 했다. 여기서 한 가지 결론에 도달하게 된다. 아이의 발달 과정에 영향을 미치기 위해——특별히 아이가 심각한 어려움에 처한 경우에——아이 주변에 일련의 사람들을 배치하여 긍정적인 시너지 효과를 창출해 낸다는 것이다. 이 과정에서 이런저런 행동이 지배적인 중요성을 갖는다고 생각해서는 안 된다. 이 모든 행동들이 협력하여 성공을 이끌어 내기 때문이다. 여러 관계자들의 상호 존중 여부도 성공을 판가름한다. 그들 모두가 토마에게는 중요한 지표들이었기에, 그들 가운데 누군가의 부정적인 측면을 느끼거나 듣게 된다면 개선이 늦어지거나 아예 정지될 수도 있었을 것이다. 토마의 진전은 그들 모두를 신뢰함으로써만 가능했다. 이 신뢰감이 그의 주위를 감싸야 했다……

참된 말

언어(구두 언어든 아니든), 그리고 언어에 주어지는 위상은 지표들을 전달하는 데 있어 근본적인 무엇이다. 불안감을 달래 주는 언어라고나 할까. 프랑수아즈 돌토의 '참된' 말이 주로 이 역할을 맡아 했다. 아이에게 진실을 말함으로써, 또 대화를 나눔으로써 아이를 안심시키게 된다. 이런 대화와 관계 맺기가 없다면 아이는 사건이나 행동에 완전히 그릇된 의미를, 흔히는 그에게 위협적으로 보이는 의미를 부여할 수(물론 무의식적으로) 있다. 사람들이 그에게 아무 말이나 질책도 하지 않는데 어떤 불편한 감정이 남아 있다면, 분명 그 자신이 꾸지람받을 만한 나쁜 짓을 한 거라고 생각할 수 있다. 이렇게 해서 아이는 말해지지 않은 상황을 아주 무의식적으로 감지하게 된다. 이런 그릇된 해석으로 인해 증상의 개선에 제동이 걸릴 것임은 두말할 나위도 없다.

개인화 과정을 돕는 언어이기도 하다. 토마의 사례는 이 언어가 극단까지 내몰릴 때 어떻게 되는지 우리에게 보여 준다.

또한 소속의 언어라고도 할 수 있다. 언어를 통해 우리는 크고 작은 사회 집단 속으로 들어간다. 언어를 통해 한 집단 내에서 관계가 형성되는 것이다.

그 가장 현저한 예를 청소년들과 그들이 사용하는 언어에서 찾을 수 있다. 매번 새로운 청소년 세대가 도래할 때마다 새로운 언어 혹은 준언어가 자리잡는다. 어떤 단어나 표현·구문이 일정한 사회 집

단의 젊은이들에게서 전형적인 현상으로 나타난다. 같은 맥락에서 의복에 깃든 언어도 의미심장하다. 각 세대의 젊은이들이 어떻게 각기 다른 복장으로 자신을 표현하는지 알면 놀라지 않을 수 없다. 젊은이들에게는 그들간에 서로 알아볼 수 있는(또한 안심할 수 있는) 젊은이의 '유행'이 있는 법이다.

구두 언어든 아니든 이런 언어들 역시 그들에게 지표가 되어 청소년기라는 삶의 민감한 시기를 보내는 동안 '서로 협력할 수 있게끔' 해준다.

소속의 지표들

소속의 지표들은 우리가 어떤 그룹에 가입해 거기서 행복감을 느끼도록 돕는다. 아이는 가족에게 '소속되어' 있다가 그후 사회에 소속된다. '소속된다'는 말에 따옴표가 붙은 이유는 어렵잖게 이해될 수 있다. 즉 아이의 발달을 성격짓는 모호함을 이 따옴표가 강조해 주기 때문이다. 아이는 가족 집단에 대한 소속감을 가질 필요가 있지만, 동시에 그로부터 분리되어 온전한 개인으로 자신의 존재를 확립할 필요가 있기 때문이다.

어느 순간부터 아이는 이런 소속감과 정체성을 동시에 갖게 되는 것일까? 이 질문에 대한 대답이 어렵다는 사실을 우리는 인정할 수밖에 없다. 아무튼 개인화가 완벽히 이루어지려면 사전에 소속감이 확고히 자리잡아야 한다. 가정에서 설 자리가 없는 아이일수록 자신의

정체성을 찾기 어려우며, 나아가 사회 속에서 자기 자리를 찾기 어렵다는 사실을 일상의 경험을 통해 우리는 알고 있다.

소속의 지표들의 경우 교육이 큰 비중을 차지한다. 교육적 지표들은 개인에게 여러 규범을 과한다는 점에서 소속의 지표들이다. 이 규범을 통해 그는 한 집단의 일원임을 느끼게 된다.

이렇게 볼 때 우리가 소속되기 원하는 집단에 따라 여러 교육 유형이 있다. 총괄적 의미의 '교육'은 아이에게 자신이 속한 사회적·문화적 규범들을 자기 것으로 삼도록 해준다. 서구의 아이들은 서구의 규범을, 또 아프리카나 아시아의 아이들은 그들 대륙의 규범을.

그런가 하면 각 가정마다 가정 교육이 있다. 이 교육에서는 부모가 얼마나 너그러운지 혹은 엄한지가 중요하다.

또 병행 교육이라 불리는 것들도 있다. 사회 집단은 저마다 자체의 규범을 갖는데, 개인이 집단의 인정과 승인을 받으려면 이 규범을 받아들여야 한다. 한 가지 예로서 '서민 귀족'을 들 수 있겠다.(박스 안의 글 참조)

좀더 분명한 이해를 위하여 부르주아 계층과 소외 계층이라는 완전히 다른 두 집단을 생각해 보기로 하자. 전자는 의복이나 언어 습관·직업·문화 생활 따위의 아주 한정된 지표들을 통해 구별된다. '부르주아들'은 그들이 받은 교육과 관련된 수많은 표지들을 통해 구별되는 것이다.

소외 계층 역시 그들 고유의 의복과 언어·문화를 지닌다. 원칙적으로 부르주아 계층이 숭상하는 법을 소외 집단은 거의 무시한다. 그리고 양편 모두 자신과 대치된다고 생각되는 집단의 위상을 인정하

려 들지 않는다. 어떤 집단이 다른 집단을 이해하기가 얼마나 어려운지, 우리는 이 문제의 분석을 통해 분명히 알 수 있다.

그렇다고 소속의 지표들을 거부해야 할까? 물론 아니다. 우리는 이 지표들을 필요로 한다. **하지만 부모로서 존중과 관용, 열린 마음을 심어 주어야 할 의무를 진다.** 소속의 지표들은 안정감을 주지만, 이것이 어떤 방어 요새를 구축함으로써 자리잡아서는 안 된다. 타인에게 해가 돌아간다면 더더욱 안 된다. 소속의 건전한 지표들은 타인들에 맞서 구축되는 것이 아니라, 어찌 보면 타인들에게 보다 개방되고 주의를 기울이기 위해서이다.

불안에 빠진 부르주아 나리

앞서 지적했듯이 몰리에르는 최초의 위대한 정신병리학자들 가운데 하나이다. 그는 주르댕 씨를 따라 자신도 모르게 정신병리학을 실천에 옮겼다…….

자기 신분에 만족하지 못하는 부르주아 주르댕 씨는 귀족이 되기를 바란다.[4] 말하자면 그는 지표를 바꾸고 싶어하는 것이다.

그러기 위해 무예·음악·춤·철학을 가르치는 초보 지도자들과 교사들에 둘러싸여 산다. 예상대로 훨씬 보수주의적인 주변 사람들은 이를 못마땅해한다. 그의 아내 역시 반발하며, "당신의 요즘 생활을 보면 화가 나 죽겠어요. 집구석이 어떻게 돌아가는지 모르겠다구요"라고 말한다. 하녀 니콜도 대놓고 조롱하며, "주인님이 끌어들이

---

4) 몰리에르, 《서민 귀족》, Larousse.

는 이 너절한 인간들 때문에 집 안이 깨끗할 날이 없다……"고 항의
한다.

그래도 그는 원하는 신분에 도달할 수가 없다. 자신이 될 수 없는
것이 되려고 하는 주르댕 씨는 주변 사람들의 웃음거리가 되는 한
편, 귀족들은 보란 듯이 그의 약점을 이용해 먹는다. 욕망에 눈이 먼
부르주아 나리는 그를 골탕먹이기 위해 마련된 온갖 함정에 빠진
다…….

그래서 양재 견습공이 그를 '각하'라고 부르자 좋아서 어쩔 줄 모
른다. "각하라고? 오! 오! 오! 가지 말고 기다려라. 나더러 '각하'라
고! 날 전하라고 부르면 지갑째 몽땅 주겠다……."

아르파공에게 돈이 유일한 가치로 여겨졌다면, 주르댕 씨에게는
사회적 신분이 그렇다. 아르파공은 세상 무슨 일이 있어도 돈주머니
를 끄르지 않겠지만, 주르댕 씨는 그가 유일한 가치로 여기는 귀족
이 될 수만 있다면 모든 걸 내놓을 태세이다.

단 하나의 지표를 갖고 살아가는 두 사람은 모두 신경증에 걸려
있으며…… 주변 사람들로선 이해할 수가 없다. 그들은 지적 이해를
넘어서는 가치를 이 지표들에 부여하며, 이 지표들은 그들에게 생명
자체이다. 그것들이 없으면 삶이 무의미하다……. 두 사람 모두 동
쥐앙처럼 불안해하는데, 이 불안은 전위 현상에 의해 돈, 사회적 지
위, 여자……에게서 배출구를 찾는다. 이것들을 통해 그들은 자신을
실현하고 불안을 떨쳐낸다.

몰리에르의 대단한 재능은 이런 비극을 희극으로 만들어 놓았다
는 점에 있다. 우리가 실컷 웃을 수 있도록 말이다.

쾌락을 위한 지표들: 쾌락주의적 지표들

제1장에서 이미 강조했듯이, 지표들의 목표는 안심시키고, 구조화하고, 삶에 어떤 의미와 동시에 쾌락을 주는 역할을 담당한다. 쾌락은 삶의 구성 요소들 가운데 하나이기 때문이다. 기쁨을 전해 주는 지표들을 우리는 이제 '쾌락주의' 지표들이라 부르겠다. 직접적 혹은 간접적인 지표들. 직접적인 쾌락은 신체 감각과 연관되며, 감각에 의해 확보된다. 그것들은 삶에 의미를 준다. 물론 삶의 의미를 이루는 요소들 가운데 하나에 불과하지만 말이다.

간접적인 쾌락은 우선 보아 감지되지 않는다. 영적·지적 기쁨을 가져다 주는 모든 것이 이런 쾌락 속에 분류된다. 일부 대자선가들이 이런 부류에 속할 수 있다. 어찌 보면 자신을 희생하여 선을 행함으로써 그들은 도덕적·영적·문화적 만족감을 맛본다. 정신분석학에서 **승화된 쾌락**이라 부르는 것들이다. 이렇게 말한다고 무슨 판단을 하는 것은 아니며, 그들이 베푸는 자선의 가치를 축소시키려는 것도 아니다. 단지 그들이 맛보는 쾌락은 간접적인 쾌락임을 확인할 따름이다. 우리가 인간인 한 이런 쾌락도 존재한다.

직접적이든 아니든 이 쾌락들이 우리에겐 꼭 필요하다. 그것들은 만족과 조화의 느낌을 전해 주는 만큼 또한 대단히 중요한 지표들이다.

그렇게 볼 때 쾌락을 맛보고 확보하는 온갖 방법이 용인될 수 있다. 그것들이 타인에게 해를 끼치지 않고, 당사자를 소외시키지 않는다면 말이다. 그러나 이런저런 쾌락에 대한 과도한 집착은 불안을 시사

한다. 이런 상황에서도 그것을 쾌락이라 할 수 있을까? 의식적으로 당사자는 그것을 쾌락으로 여길지 모르지만, 무의식 속에서 그런 쾌락은 깊은 불안을 드러낼 따름이다. 예컨대 동 쥐앙은 쾌락 속에 있었다기보다 불안 가운데 있었다.(박스 안의 글 참조)

지표들의 목표

안전을 위한 지표들, 정체성을 위한 지표들, 소속의 지표들, 쾌락의 지표들이라고 정의 내린 이 지표들은 정확히 말해 특수화된 지표들이 아니다. 안전을 제공하거나 개인화를 돕기만 하는, 혹은 단지 소속감을 갖게 하거나 쾌락을 누리도록만 하는 지표들은 없다.

대체적으로 모든 지표들은 안전을 제공하고 개인화를 돕고 소속감과 쾌락을 누리도록 하는 데 기여한다. 다만 어떤 지표들은 다른 지표들보다 특정한 감정과 더 연관되어 있을 따름이다.

그럼에도 불구하고 세분화를 시도하는 것은 오로지 문제를 명확히 하기 위해서이다. 지표들이 무엇이며, 그 역할이 무엇인지 모른 채 광의의 해석으로 만족할 수는 없기 때문이다. 어린아이들의 경우에는 특히 그렇다.

일부 지표들은 생사를 결정하는 것들이어서 다른 지표들보다 더 중요하다. 어린아이의 여러 발달 과정에서 필요한 다양한 지표들에 대해 말하면서 우리가 우선 환기시키는 것들이 이런 지표들이다. 그밖의 다른 지표들은 조정이 가능하다.

동 쥐앙, 가짜 쾌락들

동 쥐앙이 여자들을 정복하고 소유하면서 쾌락을 누렸는지 단정키 어렵다. 물론 의식적으로 그는 거기서 쾌락을 맛본다고 말했다. 그러나 이 쾌락은 결코 충족된 적이 없다. 그는 이 쾌락을 끝없이 갱신해야 했다. 그는 여자에게서 동반자를 구하는 대신, 단지 두려움을 떨쳐 버리려 한 것이다. 열정과 함께 모든 과장된 감정의 표출이 사그라지는 순간, 동 쥐앙은 극심한 불안에 빠져 또 다른 열정을 찾는다……

이런 동 쥐앙식 호색은 깊은 애정 결핍의 결과일 따름이라고 생각할 수도 있다. 사랑을 받지 못한(혹은 그렇게 느낀) 동 쥐앙은 사랑의 감정을 인위적으로나마 갖도록 해주는 열정을 미친 듯이 추구한다. 끊임없이 갱신해야 하기에 절대로 충족되지 않는 열정을. 여기서 쾌락은 더 이상 쾌락이 아니며, 결핍에 일시적으로 대처하기 위해 필요할 뿐이다.

교과서적인 가정으로 보이는가? 그렇다면 우리 주변을 살펴보자. 거짓 쾌락에 대한 탐닉은 흔히 깊은 공허감을 감추기 위해서일 따름임을 알 수 있다. (술·마약도 그 일례이다.)

반대로 함께 나누는 쾌락, 다양화된 쾌락은 마음껏 누리자. 그것들은 건전하며…… 아주 기분 좋은 것이니까!

우리는 일을 통해 아이들을 만나고, 또 온갖 계층과 연령의 부모들을 만난다. 그 과정에서 관찰을 통해 한 가지 사실을 알게 되었다. 어떤 아이들이나 성인들의 경우에는 만사가 순조롭게 진행된다는 점이

다. 그들은 내면의 힘과 분명한 목표를 지니고 어떤 환경에도 쉽사리 적응하는 것처럼 보인다. 특별히 불안정한 현재의 상황도 그들에게 는 영향력을 미치지 못하는 듯싶다. 신중한 낙관주의를 고수하는 그 들은 자신들에게 주어지는 기쁨을 누릴 줄 알면서 외부 세계를 향해 개방되어 있다.

일부 아이들은 어려운 상황 속에서도 허용 가능한 사회적 양태를 바탕으로 긍정적으로 성장해 나간다. 이런 특별한 경우가 아니더라 도 자신에게 만족해하는 아이들을 우리는 종종 보는데, 이들은 타인 들에게 개방되어 있을 뿐 아니라, 흔히 균형을 잃었다고들 하는 이 세상에서 썩 잘 적응해 나간다. 이 아이들(전문가들의 용어에 의하면 탄성이 있는)은 보통 견고한 지표들을 갖고 있다. 그들에게 안정감과 정체성을 부여하고 자신과 타인의 자유를 존중케 하는 지표들, 삶에 어떤 의미를 주는 지표들. 이런 지표들이 삶의 여정에서 표지가 되어 준다. 처음에 이 지표들은 주로 외부로부터 주어지지만 차츰 그들 자 신의 것이 되며, 그들은 세상에서 두려움 없이 확신을 갖고 살아갈 수 있게 된다……. 잇따른 페이지들에서 우리가 모델로 삼게 될 것도 이 지표들이다.

이것은 성인들에게도 적용된다는 사실을 알 수 있다. 전통적인 지 표들이 의문에 부쳐졌을 때 균형을 잃게 되는 사람들은 누구인가? 건 전하고 튼튼한 지표들을 내면화할 기회를 갖지 못한 소수의 사람들 이 있다. 특정한 사회적 부류에 속한 사람들만 그런 것은 아니다. 주 요 지표들이 단지 문화적 차원의 문제는 아니기 때문이다. 연약하고 의존적이며 영향받기 쉬운 이 사람들은 외적 지표들을 지나치게 필

요로 한다. 이 사람들은 선과 악이 무엇인지, 자신들에게 이로운 것과 해로운 것이 무엇인지 타인들이 그들에게 지시해 줄 것을 여전히 원한다.

앞서도 말했듯이 '건전한' 전통적 가치관을 갖고 사는 성인도 여전히 지표들을 필요로 한다. 이 지표들은 다양하며 변화하기 때문이다. 삶을 살아가는 동안 지표들은 변할 수 있다. 이런 '건전한 전통적 가치관'을 갖고 사는 성인에게 있어 이 지표들은 수단에 불과하며, 그 자체가 목적일 수는 없다.

그런데 지표가 그 자체로 목적이 되어 버릴 때에는 잠재적 불안의 징후가 된다. 지표는 어떤 결핍을 채우기 위해 존재하는데, 이 결핍의 본성을 찾아내지 못하면 그것을 채우느라 애쓰며 생을 보내게 된다. 그러나 결핍은 무의식적인 것으로 남아 이 모든 노력은 부질없는 것이 되고 만다.

지표의 역할을 하는 정신 치료 전문의

어머니가 아이에게 지표이듯이 정신 치료 전문의 역시 그렇다. 물론 후자의 영향력이나 지각 정신에 대한 호소력은 훨씬 미미하지만, 그래도 영향력은 존재한다.

알다시피 지표들은 다양한 형태를 취할 수 있다. 사람이 지표일 수도 있고(어머니, 아버지, 정신 치료 전문의, 기타 모범들), 추상적인 지표들도 있고(신앙, 이상, 교양), 단순히 물질적인 지표들도 있다(과도 대상, 장소 등).

정신 치료 전문의는 인간 지표이다. 환자와 함께하며, 규칙적으로 환자를 '보살피고,' 사려 깊은 중립성을 지킴으로써 그는 환자가 스스로를 구축하고 재구축할 수 있도록 돕는다.

도널드 위니코트[5]는 어머니의 눈길을 어린아이의 최초의 거울이라 생각했다. 그리고 정신 치료 전문의의 작업 역시 비슷한 측면에서 바라보았다. "정신 치료는 재치 있고 섬세한 해석을 가하는 그런 작업이 아니다. 요컨대 그것은 환자가 내놓는 것을 장시간에 걸쳐 환자에게 되돌려 주는 작업이다. 그것은 숙고하는 얼굴의 복잡한 부산물이다. 나는 내 작업을 그런 식으로 생각하길 좋아한다. 그리고 내가 이 일을 잘 해내면 환자가 자기 자신을 발견하고, 스스로를 현실적으로 느끼며 존재할 수 있으리라 생각한다"고 그는 말했다.

이처럼 정신 치료 전문의는 중계 지표이자 대리 지표로서, 고통받는 이가 자신을 찾음과 동시에 삶에서 어떤 의미를 찾을 수 있도록

---

5) 〈아동의 발달 과정에 있어서 어머니와 가족에게 돌아가는 거울의 역할〉, 《신(新)정신분석학지》, n° 10, 1974.

해주는 사람이다.

여기서 우리가 말하는 것은 광의의 정신 치료 전문의이다. 말하자면 사려 깊은 현존으로, 눈길로, 또 그의 시술로 타인에게 위로를 주며, 이 타인이 자유롭게 자신을 구축하고 재구축할 수 있게끔 도와주는 사람이다. 세르주 르보비치 교수의 말대로 "정신과 의사의 경우에는, 그가 하는 말의 내용뿐 아니라 그가 누구인지가 중요하다."[6]

그러므로 오직 한 가지 좋은 치료법이 있는 것이 아니라 여러 방법이 있으며, 각자가 자신에게 적합한 방법을 찾아야 한다.

그렇긴 해도 치료법에 관한 한 신중을 기하지 않으면 안 된다. 건전한 치료는 개인을 소외시키거나 이런저런 형상대로 만들거나 이용하려 들지 않는다. 불건전한 정신 치료 전문의들(지표들)이 실시하는 기적의 치료법 따위는 경계해야 한다. 이런 사람들의 유일한 목적은 환자의 약점을 이용하여 이득을 취하거나 권력을 행사하자는 것이다.

정신 치료 전문의는 안내자로 간주될 수 있다. 이 안내자에게는 사전에 마련된 여정이 없다는 점만 제외하고 말이다. 그는 환자가 자기만의 인생길을 찾을 수 있도록 도우며, 그의 동반자가 되어 줄 따름이다.

---

6) 세르주 르보비치가 마리-프랑스 카스타레드에게 들려 주는 말. 《되찾은 어린 시절》, Flammarion, 1992.

3

생후 수개월간의 지표

생후 수개월 동안에는 안전을 위한 지표들이 매우 중요하다. 이 지표들의 질에 따라 향후 아이의 심리적 평온이 결정된다. 그것들은 삶의 행복과, 세상에 대해 자신을 개방하고 수련을 쌓는 능력에 있어 큰 영향을 미치게 된다.

무엇보다 안전

첫 수개월 동안의 주요 지표가 있다면 그건 안정감이다. 그렇다면 어떻게 이런 상태를 유도할 수 있을까? 라는 물음이 제기된다.

어린아이는 철저히 의존적인 존재이므로(32쪽 참조) 타인의 열의에, 특별히 그에게 대부분의 시간을 바치는 사람의 열의에 기댈 수밖에 없다. 앞서 강조한 대로 오늘날 이 역할은 주로 어머니에게 돌아간다. 아이는 어머니의 보살핌에 의존하며, 어머니가 아이의 신체적·정신적 안정감을 확보해 준다. 어떻게 그럴 수 있을까?

어머니는 우선 이 일을 해낼 수 있는지 자신의 능력에 대해 자문해

야 한다. 어머니 자신이 심리적 장애를 겪고 있다면 아이에게 안정감을 심어 줄 수 있겠는가? 아무리 그러고 싶어도 그럴 수 없을 것이다. 좋은 어머니가 된다는 것은 또한 자신의 약점을 받아들이면서 행동한다는 뜻이다. 이 경우 어머니 자신이나 아이를 위해 도움을 받는 것이 현명하다. 육체적·정신적으로 고통받는 경우 타인에게 평온한 마음으로 주의를 기울이기는 어려울 뿐 아니라 불가능하기까지 하다. 그러므로 이 사실을 인정하고 조처를 취할 수 있어야 한다. 엄마는 아이에게 주요 지표이며, 아이는 엄마를 통해 자신을 형성해 나가기 때문이다. "개인의 정서 발달에 있어 거울의 역할을 하는 것은 어머니의 얼굴이다. [⋯] 어머니의 얼굴 쪽으로 눈길을 돌렸을 때 어린 아이가 보는 것은 무엇인가? 보통 거기서 아이는 자기 자신을 본다"라고 한 위니코트[1]의 말은 매우 타당하다.

어머니가 아이와 함께 나누는 모든 상호 작용을 통해 아이는 스스로를 형성해 나가며 안정감을 느끼게 된다. 어머니는 아이가 느끼는 안정감의 기초이다. 그런데 이 기초가 약하면 아이는 거기 기댈 수 없을 것이다⋯⋯.

여기서 말하는 것은 물론 큰 어려움을 겪고 있는 어머니들의 경우이다. 그밖의 경우에는 우리 모두가 그렇듯이 어머니들도 자신들의 부족한 점을 받아들이고 최대한 거기 적응해야 한다. 아무도 완전하지 않지만, 그 사실을 알고 인정하고 분석하고 개선을 위해 노력한다

---

1) 도널드 위니코트, 〈아동의 발달 과정에 있어서 어머니와 가족에게 돌아가는 거울의 역할〉, 《신(新)정신분석학지》, n° 10, 1974.

면 좀더 완전한 사람이 될 수 있을지 모른다……

그러므로 어머니는 정서적·교육적 측면에서의 착오를 최소한도로 줄이기 위해 자기 자신에 대해 우선 살펴보아야 한다. 어머니가 행복한 유년 시절을 보냈고, 전반적으로 건강한 삶을 살고 있다면 아이에 대해 실수를 범할 위험은 거의 없다. 어머니 자신이 지표로 삼았던 모델이 만족스러웠다면 그 모델을 재생시킬 가능성이 매우 높다.

반대로 여러 이유로 인해 어머니가 그런 기회를 갖지 못했고 힘든 유년 시절을 보냈거나 현재 힘든 삶을 살고 있다면, 혼자 혹은 사려 깊은 누군가와 함께 반성해 보는 것이 좋다. 현재의 자기 자신에 대하여, 또 왜 자신이 그런 상황에 이르렀는지에 대하여. 그렇게 함으로써 자신에게 고통을 주었던 모델을 재생해 내지(순응하거나 혹은 맞서면서) 않을 수 있을 것이다. 그녀가 이 모델에 순응하든지 철저히 맞서든지 간에 정서적·교육적 측면에서 유해한 극단으로 본의 아니게 치달을 수 있기 때문이다.

이 모두는 죄의식 없이 이루어져야 한다. 우리가 보기에 나쁜 어머니는 없다. 운이 좋았거나 나빴던 어머니가 있을 따름이다. '나쁜' 어머니는 그녀 역시 고통을 받아야 했던 사람일 따름이다.

앞서 다룬(55쪽 참조) 줄리에트의 어머니를 기억하자. 큰 고통을 겪으면서도 이 어머니는 아이를 돕기 위해 도움을 받을 용기를 낼 수 있었다는 사실을.

안심시키기 위한 일상의 제스처와 말들

어린아이는 여전히 엄마와의 신체적 접촉을 자주 필요로 한다. 이건 자명한 이치이지만, 그래도 누차 언급하는 게 좋겠다.

아이가 이런 신체적 접촉을 필요로 하는 까닭은, 이런 접촉을 통해 **자궁 내의** 예전 상태로 접근할 수 있기 때문이다. 이 접촉은 그를 안심시킨다. 엄마와의 신체적 접촉이라는 이 퇴행적 행동은 필요 불가결한 무엇이다. 바로 이런 자세로 어린아이는 주변 세계를 관찰하기 시작한다. 이런 자세에서 그는 완전히 긴장을 풀 수 있기에 다른 곳을 바라보는 것이 가능해진다…….

이런 신체적 접촉이 없다면 어린아이는 자신의 몸을 통해 안심코자 할 것이다. 애정어린 보살핌을 충분히 받지 못한 아이들의 비극적인 예가 우리가 말하려는 바를 잘 설명해 준다. 따뜻한 접촉이 결여된 경우 아이들은 자가 감각, 특별히 자가 균형으로 안심하게 된다…….
말하자면 스스로를 안심시키는 것이다. 여기서 발생하는 심각한 문제는, 그들이 자기 중심적인 상태에 머문다는 사실이다. 스스로를 안심시키기 위해 모든 에너지를 동원해야 하는 만큼 외부 현실에 자신을 열 수 없게 된다.

신체적 접촉에는 또한 말과 노래가 수반된다. 운율과 음역을 지닌 목소리는 어린아이의 개인화를 도울 뿐 아니라 안심시키는 요소로 작용한다. "**내가** 네게 말을 거는 건 **네가** 존재하기 때문이야……"라는 의미를 내포하고서. 우리 어머니나 할머니가 부르던 노래나 멜로

디는, 우리를 안심시킴과 동시에 개인화를 돕는다는 이 원칙에 일조
하였다. 그것들이 우리에게 큰 쾌락을 주었다는 사실 외에도 말이다.
자장가 역시 우리에게 너무도 생생한 기억을 불러일으키는 이런 언
어에 속한다. 기술의 발달로 이제 우리는 카세트 테이프나 음반을 비
롯해 다른 청취 수단들을 사용할 수 있게 되었지만, 그래도 엄마의
목소리에 비견할 만한 것은 아무것도 없다. 그러면 여기서 알랑의 경
우를 잠시 살펴보기로 하자.

알랑, 록 스타일 아빠의 마음

　알랑의 경우는 한 가지 걱정스런 문제를 제기한다. 즉 토대가 빈
약한 불안정한 가정들에 어떻게 다가갈 수 있을까? 라는. 어떻게 이
가정들이 도움을 받아들이도록 할 수 있을까?

　불안정한 가정이란 여러 가지 어려움에 직면한 가정을 의미한다.
정서적·교육적·문화적·물질적 차원에서. 이런 가정의 부모는
흔히 힘든 학교 생활을 체험했고, 사회에서 다소 소외되어 마침내
학교나 사회에 대해 상당히 방어 태세를 갖추게 된 사람들이다. 누
군가 그들에게 도움의 손길을 내밀 때에도 마찬가지이다. 그들에겐
우리가 다른 세계에 사는 사람들로 생각된다. 그들이 갖고 있는 소
속의 지표들은 우리의 지표들과 다르다……. 따라서 우리의 도움을
받아들이기는커녕 거부한다.

　하지만 알랑의 경우는 사정이 달랐다. 어떻게 달랐는지를 살펴보

도록 하자.

알랑은 아주 호감이 가는 소년이다. 그는 4세이며, 4,5세 아동 학급(moyenne section)을 드나든다. '드나든다'고 한 건 실제로 결석하는 날이 아주 잦기 때문이다. 교사도 짜증을 내며 이 사실을 우리에게 털어놓았다.

알랑에 대한 종합적인 평가는, 상냥하고 쾌활한 소년이지만 좀 산만하다는 것이었다. "엄마 이름이 뭐지?" 하고 물으면, "엄마……이름은 엄마예요!"라고 대답한다. 이 아이는 엄마 이름을 모르는 게 분명했다. 사소한 발음상의 문제가 있었고, 부정확한 구문을 사용했다. 그래도 대화를 통해 나는 아이가 리리라고 불리는 '진짜 개' 한 마리와, '고장난' 트럭과 자동차 한 대를 갖고 있다는 걸 알 수 있었다. "어젠 아빠가 수성펜들을 휴지통에 던졌어요…… 내가 여기저기 흘려두었거든요……"라고 아이는 말했다.

알랑을 통해 나는 이 아이가 활력과 여러 욕구를 지닌, 가능성 있는 소년임을 알게 되었다. 그러나 이 모두는 아이의 머릿속에서 좀 무질서하고 어수선하게 뒤엉켜 있었다. 또 잘못 말해졌거나 전혀 말해지지 않은 채, 모든 것이 다소 혼돈 상태에 있었다. 이 아이가 이야기하는 것을 들으면 그 모두가 존재하는 듯싶었지만, 그것들에 일관성을 부여하는 언어, 의미 있는 언어에 의해 뒷받침되지는 못했다.

알랑의 부모와의 첫 만남을 나는 또렷이 기억한다. 록 스타일의 머리, 점퍼 차림에 문신을 한 아버지가 특히 기억난다. 그의 눈길에서 나는 이 사람이 얼마나 적개심에 차 있는지 이해할 수 있었다.

그는 내 일을 못마땅하게 여겼고, 그런 감정을 숨기지도 않았다.

그러다가 차츰 대화가 이루어졌다. 내가 그를 판단하려 들지 않는다는 사실을 느끼자 그는 자신에 대해, 또 파란만장했던 어린 시절에 대해 이야기하기 시작했다. 그가 벌인 싸움판에 대해서도. 유약한 어머니를 둔데다 아버지가 곧 부재하게 되자 그는 변두리 인생들로 이루어진 환경에 처하게 되었다고. 그렇게 해서 그는 '강자처럼 행세하는' 아이 같은 어른이 되어 버린 것이다.

알랑의 어머니 역시 힘이 없어 보였지만, 그래도 다정하고 쾌활했다. 어머니와는 좀더 쉽게 대화가 이루어졌다. 그러나 내가 아무리 정곡을 찌르는 이야기를 해도 그녀 마음속에 별다른 반향을 불러일으키는 것 같지 않았다.

대화를 통해 다섯 식구가 방 두 칸에서 산다는 것과, 또 그런 생활이 순조롭지 않다는 사실을 나는 알게 되었다.

이런 어수선한 환경에서 알랑은 자기 자리를 차지하지도, 관심을 끌지도 못했다. 대화도 주로 명령어와 실용어에 그쳐, 관계를 돈독히 하는 대화와는 거리가 멀었다. 알랑의 부모 역시 본받고 기준삼을 만한 모델을 갖지 못했던 것이 사실이다.

그래서 나는 알랑의 부모더러, 아이에게 말을 걸고 금지 사항들을 설명해 주고 주변 환경을 발견케 함으로써 어휘를 늘려 갈 수 있도록 하라고 충고했다. "하지만 내가 뭐 아는 게 있어야죠……" 하고 아버지는 변명을 늘어놓았다. "자신이 아는 걸 아이에게 말해 줘요. 아빠의 이야기를 들으면 아이는 기뻐할 겁니다. 아빠의 지식을 자랑스러워할 거예요……"라고 내가 말했다. 그리고 아이와 함께

이런저런 계획을 세워 보도록 했다. "토요일에 산책을 나가는 게 어때요? 그렇다면 아이에게 말해 줘요. 내일 일을 미리 알 수 있다면 아이도 좋아할 겁니다……."

또 알랑에게 노래를 가르쳐 주도록 제안했다. "하지만 난 조니의 노래[2]밖에는 몰라요…!" 하고, 아버지가 웃으며 말했다. "그러면 그 노래를 아이에게 불러 주고 가르쳐 줘요. 아빠와 함께 노래 부르는 걸 아주 좋아할 겁니다……." 이 제안을 알랑의 아버지는 무척 재미있게 생각했다. 그가 내 말을 실천에 옮겼는지는 잘 모르겠다. 그러나 내가 그에게 진정한 아버지의 역할을 부과한 것을, 그렇게 그의 가치를 인정한 것을 그가 자랑스럽게 여겼음은 확실하다.

아버지는 나를 규칙적으로 보러 왔으며, 알랑도 눈에 띄게 달라져 갔다. 학교도 열심히 다녔는데, 이것만 해도 커다란 진전이었다. 학교에서도 알랑의 아버지에게 외부 견학시 동반해 줄 것을 거리낌 없이 부탁했고, 그는 이것을 아주 자랑스러워했다고 들었다. 록 스타일 아빠의 마음에도 자신만의 자만이 깃들어 있지 않았을까?

리듬과 의례의 중요성

규칙적인 보살핌과 그 리듬은 어린아이가 필요로 하는 안전을 위한 지표들에 속한다. 그 빈도에 따라 아이는 불안이 제거된 움직임 속에

---

2) 조니 할리데이(Johnny Hallyday)를 말함.

들게 된다. 어린아이가 상황을 지적으로 분석한다는 말이 아니라, 신체적·정신적으로 느낀다는 말이다. 이런 규칙성은 아이에게 유익한 평온함을 몸과 정신에 심어 준다.

이 영역에 관한 한 고정된 지표들의 부재가 초래하는 파국적인 결과들을 쉽게 상상해 볼 수 있다. 신체적·정신적으로 아이는 늘 어느 정도 위협받고 있다는 느낌을 가질 수 있다. 이런 위협을 느끼게 되면 아이는 불안에 맞서 싸우기 위해 무의식적으로 온갖 방어 체계를 동원할 것이다. 그리고 이 방어 체계가 결과적으로 아이의 차후 발달에 영향을 미칠 것이다.

리듬이 경직성을 의미하지는 않는다. 몇 분의 시차가 공포를 야기하지는 않는다. 갓난아이의 적응 능력은 이런 작은 시차를 큰 불안 없이 수용할 수 있도록 해준다.

의례는 안심을 위한 수단이라고 앞에서 이미 말한 바 있다. 갓난아이(좀더 자란 아이 역시)는 첫 수개월 동안 이런 사소한 의례들을 필요로 할 수 있다. '할 수 있다'라고 한 건, 반드시 그렇지는 않다는 말이다. 잠자리에 들기 전 의례는 이 점에서 시사하는 바가 크다. 이 의례에 포함된 절차는 아이마다 다를 수 있다. 앞서도 언급했듯이, 이 의례들은 큰 중요성을 띠지 않는다. 그러나 일정한 연령이 지나서도 그것들이 지속되거나 대부분의 행위가 의례화되어야 한다면 문제가 된다. 이 경우 의례는 그 원인을 알아내지 않으면 안 되는 경직된 방어 메커니즘이 된다.

잠자리에 들기 전 의례는 밤 혹은 수면을 두려워하는 아이들을 안심시키기 위한 것이다. 아이가 밤을 두려워하는 것은, 어둠이 내리면

가시적인 지표들이 상실되기 때문이다. 그것들이 더 이상 보이지 않으면 아이는 안절부절못하게 될 수 있다. 아이 내면의 지표들이 허술할수록 더욱 그렇다. 우리의 통제를 벗어나 있는 상태를 유발하는 수면의 경우도 **마찬가지이다**.

이런 두려움에 처한 아이는, 엄마의 현존과 정확한 절차를 필요로 하는 의례에 의존한다. 엄마의 현존은 퇴행적 측면을 포함하며(그녀는 전처럼 아이 곁에 있다), 순서에 따른 절차는 상황을 통제한다는 느낌, 즉 일시적으로 잃어버렸던 느낌을 되돌려 준다. 의례에 정당성을 부여하는 것은 바로 이런 이중의 메커니즘이다.

첫 수개월 동안 위니코트가 말한 그 유명한 **과도 대상**이 나타날 수도 있다. 그것은 안정을 제공하는 지표로 작용하여 아이를 안심시킨다. 그리고 아이와 외부 세계(혹은 아이에게 두려움을 주거나 줄 수 있는 상황) 사이에서 중계 역할을 한다. 여기서 크리스틴의 경우를 들어보자. 과도 대상으로 어린이용 작은 쿠션을 갖고 있는 크리스틴은 이제 생각을 문장화하게 되자 엄마에게 다음과 같이 말한다. "난 엄마 어깨가 참 좋아요. 작은 쿠션처럼 부드러워요." 크리스틴의 이 몇 마디 말에서 과도 대상의 상징적 기능이 그대로 드러난다.

과도 대상은 아이가 잠자리에 들 때 흔히 갖고 자는 물건이다. 구명대의 역할을 하는 이 과도 대상은 아이가 불안에서 벗어날 수 있게끔 해준다. 그것은 생후 첫 수개월 동안 나타나서는 4,5년간 지속되기도 한다. 그러나 아이가 안정감을 찾아감에 따라 그 비중도 점차 작아지다가 마침내 아이는 자발적으로 그것과 결별한다.

그렇다면 이 과도 대상을 금지시켜야 할까? 결코 그렇지 않다. 다

만 이 과도 대상에 대한 의존이 일정 연령을 넘어서도 지속되는지 물어야 한다. 반대로 그것을 갖도록 강요할 필요도 없다. 아이에게 과도 대상이 없다면 그걸 필요로 하지 않기 때문이니까.

평온을 지키기 위해 이별을 준비하기

이별의 중요성을 언급하지 않은 채 안전을 위한 어린아이의 지표들에 대해 말할 수는 없다. 앞서도 말했듯이 어린아이에게는 주변 세계의 모든 것이 새롭다. 그러므로 이 영구한 새로움과 지속적인 변화를 조금씩 자기 것으로 삼지 않으면 안 된다. 다행히 어머니가 거기 있어 아이가 이런 발견을 해나가도록 도움을 준다. 이 발견이 평온하게 이루어질 수 있도록. **어머니는 아이와 주변 환경 사이의 과도적 인물이다.**

어린아이는 차츰 주변에 몇 가지 지표를 두게 된다. 우선 어머니가 있고, 그밖에 아버지·형제·자매 등 가까운 사람들이 있다. 그리고 이른바 물질적 환경, 아이가 자라는 장소가 있다. 그곳의 물건·색채·소음·향기, 이 모두가 안전을 위한 지표로 작용한다.

언젠가 한 청년이 했던 말이 생각난다. 어린 시절 그는 자동차의 왕래가 잦은 아주 시끄러운 거리에서 살았다고. 그런데 쉴새없이 들리는 이 소음이 다른 사람들에겐 신경에 거슬리는 괴로운 무엇이었겠지만 그에겐 정반대의 효과를 미쳐 안정감을 주었다고. "자동차와 트럭의 소음은 나를 안심시켰지요"라고 그는 말했다. 그래서 이사를

갔을 땐 오랫동안 이 소음이 그리워 마음의 평정을 잃었다고 했다.

어린아이의 세계도 우리 세계처럼 감각적이거나 그렇지 않은 일련의 지표들로 가득 차 있다. 그건 원자와도 흡사한데, 거기서 아이는 핵에 해당되며, 지표들은 이 핵 주위를 도는 일종의 전자들이다. 이 모두가 균형을 이루려면 서로의 존재가 반드시 필요하다.

여기서 기억해야 할 점은, 불안정한 건축물의 중심에 아이가 있다는 사실이다. 아이는 생리학적 · 심리적으로 미성숙한 존재여서 상처받기 쉽다. 특히 지표들이 갑자기 변할 때 상처받기 쉽다. 이별은 이런 변화들 가운데 하나이다. 이별에도 여러 형태가 존재할 수 있다.

– 아이 자신이나 엄마의 입원으로 인한 일시적인 이별.

– 유모의 손이나 탁아소에 맡겨지는 부분적인 이별.

– 죽음과 관련된, 가장 비극적인 이별.

아이나 엄마의 입원으로 인한 일시적인 이별의 경우 함께하는 사람이 필요하다. 오늘날엔 아이가 며칠간 병원에 입원할 경우 보통은 엄마가 곁에 있게 마련이지만 말이다. 장난감, 봉제 인형, 옷 같은 아이에게 친숙한 물건들을 가져다 주는 것도 고통을 더는 방법이 될 수 있다. 그것들은 아이가 집에서 쓰던 물건들이어야 한다. 이 물건들이 곁에 있음으로써 아이에게 친숙한 세계를 재현해 낼 수 있기 때문이다. 그런가 하면 몇 마디 말로 아이의 동반자가 되어 줄 수도 있다. 장광설이 필요하다는 게 아니라, 안정감을 주는 아주 단순한 말이면 족하다. 대화의 내용뿐 아니라 억양도 아이를 안심시키는 요인이 될 수 있다.

엄마가 병원에 입원할 경우에는 최대한 중계 역할을 잘 해내야 한

다. 가능하면 아이가 규칙적으로 엄마를 보러 올 수 있도록 한다. 엄마가 어디 있는지 아이에게 말하고, 곧 돌아올 거라는 사실을 설명해 준다. 부득이한 경우에는 엄마의 체취가 묻은 옷을 아이 곁에 놓아둘 수도 있다. 프랑수아즈 돌토나 보리스 시륄니크가 관찰한 바에 따르면, 아이들은 옷이나 옷에 밴 향기에 매우 민감한 것을 알 수 있다.

매번 목표는 아이 주변에 가능한 한 최대한의 지표들을 유지시키자는 것이다. 이별은 이 지표들의 변화를 의미한다. 그러므로 주변 사람들은 아이 곁에 둘 수 있는 지표들에 관심을 갖는 한편, 안심시키는 말이나 몇 가지 대비책을 통해 중계 역할을 수행해 내도록 한다.

이별의 두번째 경우, 즉 아이가 유모의 손이나 탁아소에 맡겨지는 경우에도 마찬가지로 중계 역할이 꼭 필요하다. 실제로 오늘날 탁아소는 이 이별의 문제에 상당히 신경을 쓴다. 대부분의 탁아소에서는 공식적인 '입소' 이전에 아이가 며칠 동안 엄마와 반나절을 함께 보내면서 새로운 환경에 점차 적응해 나가도록 한다. 이렇게 해서 아이는 새로운 지표들을 점차 자기 것으로 삼게 된다. 엄마가 곁에서 함께 이 지표들을 발견해 나가며 이행을 돕기 때문이다.

유모의 경우에는 상황이 다를 수 있다. 그러나 탁아소에 적용된 본보기가 여기서도 반드시 적용되도록 권하고 싶다. 집과 이 새로운 장소 사이에서 엄마가 중계 역할을 맡듯이, 아이와 함께 있게 될 이 새로운 인물에 대해서도 마찬가지이다. 사전에 서너 차례 유모가 방문해 아이와 이야기를 나누는 것만으로도 아이는 두려움 없이 이 새 얼굴과 새 환경에 적응케 될 것이다. 이런 사전 대비책을 거부하는 유모라면 다른 사람을 구하는 것이 좋다. 이런 유모의 태도는 아이에게

관심이 없다는 뜻이며, 따라서 유모의 자격이 없음을 드러내기 때문이다.

가능하면 유모를 자주 바꾸지 않는 편이 좋다는 사실도 말해 두어야겠다. 유모의 빈번한 교체는 아이를 점점 불안한 상황 속으로 몰고 갈 수 있기 때문이다. 그러므로 아이를 맡을 사람의 소양에 대해 미리 조사하는 것이 더 바람직하다.

훨씬 더 비극적인 세번째 이별의 경우, 믿을 수 있는 확실한 대리인을 아이가 곧 찾게 되면 그 영향력이 제한적일 수 있다. 그 대리인은 아빠 혹은 엄마, 아니면 친지 가운데 한 명일 수도 있다. 아이가 필요로 하는 평온을 대리인이 가져다 준다면 초상의 슬픔을 최대한 줄일 수 있다. 이 대리인이 그럴 수 없다면 대리인 자신이 도움을 요청하는 것이 좋다. 초상이 매우 심각하게 다가올 경우, 아이는 주요 지표를 상실하게 된다. 없어서는 안 될 이 지표가 사라진다면 아이는 이루 말할 수 없이 큰 불안에 휩싸일 수 있다. 이 모두는 아이가 고인과 나누었던 관계에 따라 달라지지만, 또한 앞으로 알게 될 인물이나 상황에 달린 문제이기도 하다.

정체성을 위한 첫 지표들

아이를 기르는 것은 어려운 일이다! 그것은 온정과 관용, 자기 포기, 상상력, 인내……를 필요로 하기 때문이다. 아이들은 모두 다르다. 저마다 독특한 개성체라서, 한 아이에게 '적용된 것'이 그대로

다른 아이에게 옮겨져 적용될 수는 없다.

　가장 큰 어려움은 의존 상태에서 벗어나 독립된 상태로 나아가는 데 있는 듯싶다. 여린 존재인 아이는 우리를 필요로 한다. 하지만 버림받았다는 느낌을 주지 않고 어떻게 아이가 우리 없이도 살아갈 수 있도록 할 것인가? 이 과정에서 날마다 온갖 미묘한 전략이 적용되는데, 어떤 그럴듯한 전략도 모든 열쇠와 통찰력을 제공하지는 않는다.

　아이는 의존적인 존재이지만, 그래도 엄연한 인격체라는 사실을 우리는 안다. 아이에게 어떻게 정체성을 부여할지 미리부터 생각해야 한다. 이름을 선택해 지어 줌으로써 우리는 이 정체성을 심어 주기 시작한다. 물론 그가 어떻게 세상에 태어났는지에 대해 이야기해 줄 수도 있다. 이름의 선택은 중요한 사건이다. 생각 없이 우연히 아이에게 이름을 지어 주지는 않기 때문이다. 이름을 짓기 위해선 찾고, 의논하고, 다른 이름들과 비교해야 하므로 이름 자체가 이미 진정한 정체성을 띠게 된다. 기존의 다른 이름들 및 이미 존재하는 성, 그리고 이 이름——다른 이름이 아닌——과 관련해 갖게 되는 느낌에 따라 이름이 지어지기 때문이다.

　흔히 생후 첫 수개월 동안 주변 사람들이 온갖 동물의 이름으로 아이를 부르는 것을 보게 된다. '아기 고양이' '벼룩' 이라고 부르거나 '늑대' 라고 부르기도 하고, 꼬마 '낙타' 혹은 사랑스런 아기 '사슴' 이라고 부르기도 한다. 그걸 어찌 막겠는가? 무의식적으로 이 동물들에게서 어떤 유사성을 발견하는 게 틀림없다. 그런데 여기서 중요한 점은 어조이며, 어조 밑에 깔린 애정이다. 아무튼 좋은 것이라고 남용해서는 안 되며, 이런 별명이 이름이 되지는 않도록 해야 한다. 아

이는 태어나서 금방 자신의 이름을 듣게 된다. 그 이름이 자기 것이기 때문이다. 반면 '벼룩'이나 '고양이,' 그밖의 '사슴' 따위는 모든 아이들에게 적용되는 이름이다…….

이름을 부른다는 것은 정체성을 부여하는 것이다.

우리가 아이와, 아이하고만 갖는 관계를 통해 아이는 이 정체성을 더한층 부여받게 된다는 사실을 기억하자. 우리가 아이에게 보내는 눈길, 아이에게 하는 말, 포옹, 이 모두가 아이로 하여금 정체성을 갖도록 해준다. 우리가 있고…… 우리에게 나름대로 반응하는 아이가 있다.

이름이나 별명, 또 우리가 아이와 함께 나누는 관계 등, 정체성을 위한 이 최초의 지표들 외에도 물질적인 지표들을 덧붙일 수 있다. 장난감이나 옷 같은. 여기서 관건은 수적으로 많다는 데 있지 않으며, 그것들이 다양하며 아이에게 속해 있다는 사실이 중요하다. 다양성은 아이의 시야를 넓혀 주지만, 다수성은 시야를 흐리게 할 뿐이다. 여기서도 다른 데서처럼 '최다'는 '최소'와 마찬가지로 악영향을 미친다.

나는 가족을 사랑하는가?

아이가 정체성을 갖는다는 것과, 어떤 집단에 대한 소속감을 느낀다는 것은 같지 않다. 어린아이에게 있어 최초의 소속의 지표들은 어떤 것일까?

우선 분명히 해야 할 점은, **소속감은 소외감이 아니듯이 소유감도 아니라는 사실이다.** 집단이 우리에게 속해 있지 않듯이, 우리도 집단에 속하지 않는다. 소속감은 우리에게 어떤 집단——우리가 그것을 위해 무언가 하는 만큼 우리를 위해 무언가를 해주는——한가운데 있다는 느낌을 준다. 이 말은 우리가 서로에게 도움을 준다는 게 아니고 서로를 위해 존재한다는 것이다. 한마디로 말해 우리는 '존재한다.' 어떤 집단 한가운데 존재한다. 집단에 의해 주어지는, 또 우리가 느끼는 이 감정은 가족이라는 집단 속에서 우리가 "난 가족을 사랑한다"고 말할 수 있도록 해준다. 반대로 가족이 우리를 착취의 대상으로 취급하거나, 오로지 가족에게 무언가를 해주는——스스로는 우리에게 해주는 것이 없으면서——대상으로 여긴다면, 우리는 분명 "난 가족을 미워한다"고 말하게 될 것이다.

어린아이는 우선 엄마에게 '속한다.' 그리고 아빠에게도 '속한다.' 바로 이런 미묘한 차원에서 안전과 정체성을 위한 지표들과 소속의 지표들 간에 차이가 생긴다. 전자는 오직 아이에게 관련된 문제이지만, 후자는 아이를 가족이라는 집단 한가운데 자리잡도록 한다.

여기서 우리가 말하는 아버지는 생물학적인 동시에 교육적인 차원의 아버지이다. 일반 가정에서는 이 둘이 일치하지만, 이혼한 부부의 가정에서는 그렇지 않다. 중요한 점은 아이 스스로 자신이 누구의 아들 혹은 딸인지 아는 것, 또 어떤 집단에서 자신이 소중한 존재인지를 아는 것이다. 어떤 집단에 자신이 의지할 수 있는지, 또 어떤 집단이 그에게 의지할 수 있는지 말이다.

어린아이는 자신이 맺게 되는 첫 관계들을 통해 이것을 감지한다.

우선 엄마와, 그리고 다른 가족 구성원들 및 서로간의 나눔을 통해. 예컨대 누군가 아이에게 말을 함으로써 아이는 안정감을 얻고 정체성을 느끼게 된다. 아이에게 아빠나 형제자매들에 대해 이야기함으로써 아이는 한 가족에 속해 있다는 느낌을 갖는다. 그들이 곁에 있거나 없거나에 상관없이. 예를 들면 아이에게 날마다 다음과 같이 말해 줄 수 있다. "아빠는 일하러 가셨어. 6시경에 돌아오실 거야." 아니면 "형은 학교에 갔는데, 좀 있으면 널 보러 올 거야……"라고. 다른 가족 구성원에 대해, 혹은 가족 구성원들끼리 말하는 방식에 의해 아이는 가족에 대한 소속감을 갖게 된다. 프랑수아즈 돌토의 말대로 이 모든 것을 아이는 **직감적으로** 느낀다.

다른 구성원들에 대해 말함으로써 그들이 아이 주변에 존재토록 한다. 물론 실제 존재가 중요하지만, 말 속의 존재 역시 중요하다. 그런 식으로 미망인인 어머니는 아이의 사망한 아버지를 '살아나게' 할 수 있다. 하지만 주의해야 할 점이 있다. 다른 이들에 대한 언급이 중요하다고 해서 늘 그래서는 안 된다는 사실이다. 소속감은 이런 균형에서 생긴다. 아이도 듣고 알아야 하지만, 여하한 경우에도 말 속에 파묻혀서는 안 된다.

미망인인 어머니가 아이에게 아빠에 대해 이야기해 줌으로써 아빠를 살아나게 할 수 있다고 앞서 말했지만, 여기서도 가능한 한 이성을 잃지 않도록 해야 한다. 즉 아무 때고 쉴새없이 아빠 이야기를 해서는 안 된다는 말이다. 고통스런 부재를 커버하기 위해 지나치게 말에 의존하면 사망한 아빠가 곧 과장된 현존으로 압박을 가해 올 수도 있기 때문이다.

남편과 아내인가, 아니면 아버지와 어머니인가?

아이에게는 아빠와 엄마가 있다. 현실은 생리학적인 동시에 심리학적이다. 문제가 '복잡해지는' 것은, 이 아빠와 엄마가 흔히는…… 남편과 아내라는 사실에 있다. 남편과 아내가 아니라면 내연 관계의 부부이거나 아니면 그저 커플이다. 그 어떤 관계든지 이 커플이 조화롭게 지낸다면 만사가 순조롭다. 그렇지 못할 경우에 상황이 복잡해진다. 그건 모두에게 해당된다. 어른·아이 할 것 없이 모두가 고통받게 된다는 말이다.

지표들에 바쳐진 작업에서는 이혼이나 결렬의 문제가 크게 부각된다. 이혼이나 결렬은 지표들의 변경이 수반되는 전형적인 경우이기 때문이다.

수년 전까지만 해도 이혼이나 결렬이, 어린 시절에 겪을 수 있는 수많은 불행의 원인 제공자로 제시되곤 했다. 그러나 전문가로서 경험에 비추어 몇 가지 명시하고 싶은 사항이 있다. 지속되는 '바람직한' 결혼 생활이 있듯이, '바람직한' 이혼이나 '바람직한' 결렬도 있다는 것. 또한 지속되는 '불행한' 결혼 생활이 있듯이, '불행한' 이혼과 '불행한' 결렬도 있다는 것. 이것은 부인할 수 없는 사실이다. 불행한 이혼이나 결렬의 경우, 아이의 지표들이 큰 동요를 겪게 된다.

그러나 이 동요는 긍정적인 것이 될 수도 있다. 지표들의 변화가 아이의 안전을 지나치게 위협하지 않을 때 그렇다. 즉 아이가 객체가 아닌 주체로 남는 경우이다. 실제로 아이는 어떤 위협을 느낄 수 있

는데, 특히 부부의 역할이 아버지와 어머니의 역할로부터 완전히 분리될 경우에 그렇다. 그러므로 남편이나 아내의 이런저런 점을 꾸짖을 수는 있어도, 그렇더라도 아이의 아버지나 어머니인 상대방을 존중해 주어야 한다. 결렬의 순간에는 이런 구분이 어렵겠지만, 나중에라도 반드시 실천에 옮겨야 한다.

아이에게 있어 가장 중요한 두 지표는 아빠와 엄마라는 사실을 잊어서는 안 된다. 한 여자(혹은 한 남자)가 한 남자(혹은 한 여자)에게 나무라고 싶은 것이 있다면, 그건 그 자신의 문제이다! 그러나 아이에게는 이 여자와 남자가 어머니와 아버지이며, 있는 그대로 둘도 없는 무엇이다. 그들은 아이의 부모인 것이다. 그에겐 다른 부모가 없으며, 그들은 다른 누구와도 비교될 수 없는 사람들이다. 그들 자신, 그리고 그들이 말하고 행하는 것이 아이에게는 절대적인 진리이다…….

그런데 그들이 서로에 대해 부정적으로 말하는 소리를 듣게 된다면, 아이는 심한 불안정을 겪을 수 있다. 누가 옳은가? 누가 그른가? 자신은 누구를 믿어야 하나? 또 무엇을 믿어야 하나? 상대방이 그토록 부정적으로 말하는 이 사람은 누구인가? 자신은 바로 이 사람의 아들 혹은 딸인데 말이다. 그런데 이 사람이 그렇게 '나쁜' 사람이라면, 어찌 보면 자신도 그렇지 않을까?

어릴수록 아이는 신뢰할 대상을 필요로 한다. 의존도가 높을수록 엄마나 아빠에게 더 기대게 된다. 그런데 두 사람 중 한 명이 말이나 행동으로 상대방의 이미지를 뒤집거나 악화시킨다면 아이가 기대고 있는 두 기둥 중 하나가 치명적인 손상을 입는다.

반대로 상대방을 존중하면 아이는 튼튼한 지표를 그대로 보존할 수

있게 된다. 예를 들면 아이에게 다음과 같이 설명해 줄 수 있다. "너도 알다시피 엄만 아빠와 더 이상 마음이 맞지 않아. 그래도 네 아빠니까, 아빠가 네게 하시는 말은 아주 중요해. 난 네 아빠처럼 생각하지 않지만 아빠 생각도 일리가 있으니까 그 생각을 존중한단다"라고.

이런 말들은 목구멍에 걸려 나오지 않는다고 하겠는가? 그렇게 말하기는 불가능해 보이는가? 그렇다면 아무 말도 하지 말자. 그러면 아이 스스로 의견을 갖게 될 것이다. 시간이 지나면 어려움 없이 그럴 수 있을 것이다.

상대방에게 맞서거나, 상대방을 헐뜯거나, 그의 말과 행동을 부정적으로 판단하면서 당신은 기분이 풀릴지 모른다. 그러나 그렇게 하면서 실은 당사자한테보다 당신의 아이(혹은 아이들)에게 더 큰 피해를 가하게 된다는 사실을 잊지 말자.

아이가 어떤 느낌을 가질 것인가? 상대방이 그처럼 비뚤어진 모습으로 그려 보이는 이 아빠 혹은 엄마를 아이는 어떻게 생각할 것인가? 그(그녀)가 그렇게까지 비뚤어진 인간이라면 왜 자신의 아빠(혹은 엄마)로 선택한 것일까? 남편 혹은 아내가 거부당하고 경멸받는다면 자신 또한 언젠가 같은 식으로 거부당하고 경멸받지 않을까…?

비난의 대상이 되어 버린 아빠 혹은 엄마 앞에서 아이는 이런 수많은 고통스런 질문을 자신에게 제기한다.

그런데 우리가 이상적인 남편 혹은 아내가 되지 못했다고 해서 아빠 혹은 엄마로서 자격이 없다고는 말할 수 없다. 둘은 서로 다른 역할이기 때문이다. 두 사람이 감당하는가 아닌가에 따라 이 역할은 좀더 쉽거나 어려워질 수 있지만.

아이를 위한 소속의 지표들의 경우 무엇보다 상대방에 대한 존중이 앞서야 한다. 아이의 아빠 혹은 엄마에 대한 존중은 아이 역시 존중 받음을 의미하기 때문이다. 반대로 주변에서 불손한 말이나 태도만을 듣고 보아 온 사람이 남을 존중해 주리라 기대할 수는 없다. 결혼 생활은 물론 그밖의 생활에서도 마찬가지이다.

우리 아이들에게도 같은 규칙이 적용된다. 주변 사람들이 말하는 것과 생활하는 것을 보면서 아이는 이런 환경, 이런 가정에서 살겠다는 바람을 갖게 된다. 이것들은 알려질수록, 더 많이 알려질수록 득이 될 게 틀림없다. 따라서 그들과 함께, 그들 속에서 사는 것이 유쾌해질 것이다. 자신이 그들 한가운데 있음을 느끼고, 그곳에 자기 자리를 갖고, 자신의 존재가 그들에게 기쁨과 만족을 가져다 줌을 느끼는 건 유쾌한 일이다.

가족의 일원으로 만들기 위해 교육하기

교육적 규칙들은 소속의 지표들에 속한다. 어찌 보면 이 규칙들이야말로 사회적 게임의 규칙들을 제공한다. 그것들이 없다면 바람직한 소속도 있을 수 없다. 이 사실은 아주 어린아이에게도 적용된다.

물론 갓난아이의 경우에 이 규칙들은 매우 유연하지만, 그래도 그것들은 존재한다. 규칙적인 리듬으로 영양분을 제공하는 단순한 행위조차 교육적 제스처일 수 있다. 아이의 기본 욕구를 충족시켜 준다는 점에서, 또 그러면서 아이에게 차츰 어떤 리듬에 적응토록 '요구'

한다는 점에서, 그것은 전형적인 상호성의 제스처이기도 하다. 출생 후 첫 수주 동안 이 리듬은 아이 자신의 것이지만, 아이는 점차 어머니가 느끼는 휴식의 필요성에 적응케 된다.

교육한다는 것은 쾌락의 원칙에서 현실의 원칙으로 건너가게끔 만드는 것이다. 갓난아이의 경우에 쾌락은 욕구의 충족――**자궁 내에서 최고조에 달하는**――에 의해 야기된다. 출생과 더불어 아이는 현실의 원칙에 직면한다. 그는 더 이상 혼자가 아니라 다른 이들과 함께해야 하며, 다른 이들이 그에게 적응케 되듯이 아이도 그들에게 적응해야 한다.

이런 적응 노력은 맨 먼저 어머니에게 요구된다는 사실을 어머니들은 모두 안다. 행동을 개시하는 것은 어머니이다. 위니코트의 묘사대로 '충분히 좋은' 어머니라면 아이의 욕구에 차츰 만족스럽게 대처해 나갈 수 있는 방법을 은연중에 간파한다. 즉 아이의 요구에 즉각적으로 응답하는 대신 긴급성을 파악한 다음 부드럽고 다정한 태도로, 아이가 쾌락의 충족을 조금 뒤로 미룰 수 있도록 만든다. '충분히 좋은' 어머니라면 아이가 요구하기도 전에 미리 들어 주지도, 요구의 충족을 지나치게 뒤로 미루지도 않는다. 그리고 아이가 가족의 생활 규칙들에 차차 적응해 나갈 수 있도록 한다.

다시 한 번 강조하지만, 이 '규칙들'이 너무 경직되어 있거나 유연해서는 안 된다. 아이가 안정감을 부여받고 사랑받는다고 느낀다면 이 규칙들을 받아들이고 삶 속에 통합할 것임을 기억하자. 이 규칙들이 그를 구속하고 귀찮게 하기 위한 것이 아니라 우선 가족 공동체, 그리고 사회 공동체 속에 효과적으로 편입시키기 위한 것임을 느낀

다면 말이다. 애정과 안정감, 정서적 평안이 없다면 건전하고 건설적인 교육도 없다.

아이가 느끼는 최초의 쾌락: 그 자신, 당신, 그리고 물건들

생후 첫 시기부터 어린아이는 쾌락을 경험한다. 생후 첫 시기부터 이런 쾌락을 가져다 주는 지표들을 우리는 아이에게 제공해야 한다.

그런데 아이의 첫 쾌락은 아이 자신에 의해 주어진다는 사실을 알아야 한다. 아이는 자신의 몸을 움직이거나 만지면서 만족을 얻는다. 엄지손가락을 빠는 것도 감각 기관의 자가만족적인 행동이다. 부모들은 갓난아이가 자기 발을 만지거나 입 속에 넣으면서…… 노는 모습을 볼 수 있다. 아이가 쾌락을 얻는 최초의 원천이 입이라면, 그건 바로 입을 통해 아이가 영양분을 공급받고, 배고픔의 긴장을 해소함으로써 만족을 얻기 때문이다.

쾌락을 얻는 최초의 원천인 이 신체 부위와 관련지어 프로이트는 **구순기**라는 말을 사용했다.

부모들은 아이가 입 속에 물건을 집어넣기 좋아하는 것을 보게 된다. 이 신체 부위는 만족의 첫번째 원천으로서, 아이는 이런 시험을 통해 주변 환경을 '테스트'하는 것이다.

이처럼 아이에겐 자신의 몸이 만족의 원천이다. 정신분석학에서 **원초적 나르시시즘**이라고 설명하는 것이 그것이다. 아주 어린 나이에 버려졌던 루마니아 어린이들을 생각해 보자. 그들 대부분은 감각 기

관의 이런 자가만족 상태에 남게 되는데, 이는 타인과의 관계 결핍으로 인해 다른 쾌락을 찾을 수 없기 때문이다.

아이가 느끼는 쾌락의 두번째 원천은 당신이다. 아이는 당신과 갖는 신체적 관계에서 또한 최초의 쾌락을 끌어내는 것이다. 아이가 안정감을 느끼기 위해선 신체적 접촉이 꼭 필요하다는 사실을 이미 말한 바 있다. 예를 들면 흔들어 달래기는 아이에게 출생 이전의 기억을 불러일으키는 쾌락의 원천이다. 아이는 당신의 손·머리카락을 갖고 노는가 하면…… 자신의 동작을 자제하지 못하고 무심코 사납게 잡아당기기도 한다. 자기 몸과 옷을 갖고 놀 뿐 아니라 당신과 당신의 몸, 당신의 옷을 갖고 놀기도 한다. 발견하기 위해, 또 쾌락을 위해 아이는 논다.

아빠와의 신체적 접촉은 보다 '거칠지만' 이것 역시 흥미로운 경험이다. 여기서도 몸이 여러 감각을 체험하기 때문이다. 마찬가지로 삶에 의미를 부여하는 최초의 감각들이다.

아이가 느끼는 쾌락의 세번째 원천은 물건 혹은 주변 환경에 있다. 장난감이 물론 그런 것들에 속한다. 아이는 선명한 빛깔과 강렬한(때론 지나칠 정도로!) 음향을 내는 장난감, 기분 좋은 감촉의 장난감을 좋아한다. 그것들을 통해 감각을 훈련시킨다. 즉 아이의 시각·청각·촉각이 이런 다양한 경험을 통해 민감해지는 것이다.

이런 기분 좋은 자극제들을 무한대로 늘려야 할 필요는 전혀 없다. 앞서도 말했듯이 수효가 많다고 아이가 만족스런 발견을 할 수 있는 건 아니기 때문이다. 오히려 자극제가 지나치게 많으면 하나도 없는 것만큼이나 감각 훈련에 해로울 수 있다. 아이가 필요로 하는 쾌락을

제공하기 위해선 몇 개의 장난감과 봉제 인형이면 충분하다. 이런 쾌락의 지표들을 통해 아이가 지능을 발전시키게 된다는 점을 말해 두어야겠다. 이런 최초의 놀이 경험을 통해 어린아이는 일부 신경 체계를 정립하게 되는데, 나중에 이 체계는 놀이 외의 다른 습득 활동에 도움을 준다. 학습심리학은, 이런 다양한 놀이 경험을 갖지 못한 아이들이 나중에 인지적 차원에서 얼마나 불리할 수 있는지 놀랄 만한 증거를 제시한다.

오늘날 유치원에서 지적으로 가장 열세한 아이들은 흔히 캠핑 트레일러의 아이들이다. 이유는 친구들이 하는 놀이를 하지 않기 때문이다. 다음에 우리가 언급하게 될 레오가 그 일례이다.

레오, 문화의 충격

8세에 레오는 학교에 첫발을 들여놓았다. 그렇다, 첫발을 들여놓았다. 레오의 다섯 형제자매와 마찬가지로 부모는 레오 역시 학교에 보내기로 마음먹었다. 왜 그랬을까? 그건 레오가 읽고 쓰는 법을 알도록 하기 위해서라고, 레오 자신이 내게 말해 주었다. 글을 읽을 줄 아는 게 중요하냐고 물었더니, "네, 면허증(그가 말하는 건 자동차 면허증이다)을 따려면요"라고 레오는 대답했다.

레오의 가족은 캠핑 트레일러에 살며 전국을 순회한다. 레오의 신장과 체중은 평균에 못미치지만, 그래도 혈색이 좋은 편안한 얼굴이다.

무슨 놀이를 하며 노는가? 하고 물었더니 "자전거를 타요, 캠핑 트레일러 주변에서 놀면서……"라고 대답했다. 다른 장난감도 있느냐고 묻자, 원격 조종용 자동차와 트럭이 있다고 한다. 그리고 "형은 작은 오토바이가 있어요!"라고 자랑스럽게 말한다. 그보다 두 살 위인 형은 어린이용 오토바이가 있어서 그걸 타고 다닌다고.

이처럼 움직이는 놀이 외에도 레오는 텔레비전을, 주로 비디오를 본다. 예를 들면 '미키 마우스'나 '당수, 권투, 전쟁……' 영화이다. 레오는 나중에 돈을 벌고 싶다고 한다. 이유가 뭐냐고 묻자 "난 자동차를 살 거예요. 캠핑 트레일러랑 트럭도 바꾸고…… 난 여행하는 게 좋아요"라고 말한다.

자기 자신만의 언어와 제한된 어휘로, 또 아주 불완전한 문장 구조를 사용해서 레오는 자신의 세계와 그것이 부추기는 욕구를 내게 설명해 주었다.

그의 세계란 캠핑 트레일러와 견인 트럭임을, 나는 이해할 수 있었다. 그의 미래의 꿈은 자동차와 캠핑 트레일러를 교체하는 것이다.

레오는 불행한가? 전혀 그렇지 않다. 면담을 통해 알아낸 것은 오히려 그가 자기 자신에게 아주 만족해 있다는 사실이다. 애정이 충만한, 특별한 지표들을 지닌 가정 생활을 그는 누리고 있었다. 거기에는 애정적 차원에서의 안정감이 있었으며, 소속의 지표들이 강했다. 레오는 자신이 속한 환경 속에서 행복을 누렸다. 학교라는 세계와 접할 때면 이 행복이 줄어들었지만. 학교의 법칙들과 지표들은 레오가 지금까지 알아 온 것들이 아니었다. 앞에서도 보았듯이, 어린 시절의 놀이들은 캠핑 트레일러 주변에서 이루어졌었다. 그것들

은 주로 신체적인 움직임을 필요로 하는 놀이들, 지극히 반복적이며 창조성이 결핍된 놀이들이었다. '집 안에서의' 놀이도 마찬가지였다. 자동차나 트럭, 그밖의 다른 차량들이 그의 유일한 관심사였으니 말이다.

이 모두는 극히 당연한 것이었다. 이 어린 소년의 지표는 자신의 가족, 그리고 캠핑 트레일러와 그 주위를 둘러싼 것들이니까. 그에겐 여행의 추억이 있는가? 거의 없거나 아주 단편적인 것들이다. 여행은 다니지만 방문은 하지 않는다. 어디를 가든 아이의 세계는 캠핑 트레일러 주변을 벗어나지 않는다.

이런 상황에서 레오는 건강하게 자라며 행복을 느낀다.

그러면서 그가 바라는 읽기 습득의 준비는 전혀 되어 있지 않은데, 거기에는 몇 가지 이유가 있다.

그에겐 지적인 한계가 있다. 보잘것없는 놀이와 활동, 취학 이전 학습의 부재가 그의 인지 발달에 치명적인 타격을 가한 것이다. 퍼즐, 나무조각쌓기 등 다섯 가지 테스트를 실시한 결과 46이라는 I. Q.가 나왔다(평균 I. Q.가 100임을 기억하자). 물론 이 테스트는 어려서부터 퍼즐이나 나무조각쌓기 놀이를 하며 노는 전통적인 사회·문화 배경의 아이들을 위해 '만들어진' 것이긴 하지만.

레오에게 일반 교양 혹은 교과 과정상의 교양 시험을 치르게 하지는 않았다. 결과가 어느 정도 뻔하기 때문이다. 그렇다면 레오는 지능이 떨어진다고 할 것인가? 그보다는 자신의 생활 양식에 맞는 지능을 가졌다고 하는 편이 낫겠다. 그의 생활 양식으로 보면 만사가 순조롭다. 문제가 복잡해지는 것은 그가 다른 문화 양식과 마주

치게 될 때이다.

레오가 읽기를 습득할 수 없도록 방해하는 두번째 요인은, 그것을 위한 동기의 완전한 결여이다. 운전 면허증을 받겠다는 욕구도 그다지 효과적으로 작용하지 못했다.

이런 동기의 결여는 이미 그의 생활 속에 원인이 내재되어 있었다. 즉 부모가 글을 읽을 줄 모른다는 사실이다. 때문에 집에 책도 없었다. 레오에게 책은 추상적인 관념으로서 그의 생활과는 아무 관련이 없는 것, 아무 느낌도, 생각도, 영감도 불러일으키지 않는 무엇이었다. 이런 상황에서 어떻게 읽고자 하는 욕구를 가질 수 있겠는가? 더 난처한 점은 반복적인 놀이와 그의 제한된 세계, 자극물의 부재가 레오에게서 소위 말하는 지식욕을 앗아 갔다는 사실이다. 보다 쉽게 말해, 그는 호기심을 가질 수 없는 것이다.

실제로 레오에게는 배우고 발견하겠다는 욕구가 없으며, 그는 자신의 세계에 충분히 만족해 있다……. 이 세계에서 제한된 지표들을 갖고 그는 행복하며, 지금까지도 그는 학교 생활을 이해하지 못한다…….

생후 수개월 동안의 지표들이 어린아이에게는 몹시 중요하다. 어린 아이는 철저한 의존 상태에 있기 때문이다. 상황에 대처할 수 있도록 해주는 생리적·심리적 성숙이 아직 이루어지지 않은 것이다. 어찌 보면 아이는 결코 상황에 대처할 수 없으며, 나름대로 자신을 방어할 따름이다. 예를 들면 발버둥치며 불만을 표시한다든지, 심하게 움츠러들며 두려움을 표시하면서 말이다. 또 아이와 만족스런 의사 소통

을 할 수 없는 사람 앞에서는 자기 식대로 '대화를 단절'하거나, 신체적 증상으로 고통을 표현할 수도 있다.

아주 어려서부터 이미 반응을 나타낸다. 문제는 아이가 보내는 신호를 주변 사람들이 꼭 알아채지는 못한다는 사실이다. 이 신호는 이해되지 못한 채 남아 있을 수 있다. 어쩌면 하찮은 것으로 해석되어 부정적인 악순환의 과정을 야기할 수도 있는데, 이는 더한층 심각한 문제이다.

어린아이는 안전과 정체성의 지표들과 소속, 쾌락의 지표들을 필요로 한다. 첫번째 지표들이 있으면 나머지 세 지표들도 제대로 자리잡을 수 있다. 첫번째 지표들이 어느 정도 만족스럽게 주어진다면 아이는 과도하게 자신을 방어하지 않아도 되며, 따라서 외부 세계에 자신을 열고 관심을 가질 수 있게 된다. 이 세계의 주요 규범들을 받아들이고, 거기 존재한다는 사실에서 쾌락을 발견하면서. 그러므로 안전의 지표들은 아이가 끊임없이 닥치는 새로운 상황들에 직면할 수 있도록 해주는 중요한 수단이다.

생후 수개월간 지표들에 대한 요약

지표들은 세 가지 형태를 취할 수 있다는 사실을 기억하자. 즉 인간적·물질적·추상적 지표들이다. 이 모두는 대략 네 가지 목표를 지닌다. 안전케 하고, 강한 정체성을 부여하고, 소속감을 끌어내며, 쾌락을 준다는. 이 총체적인 목표들이 아이를 형성하고 삶에 의미를 준다.

그런데 생후 몇 개월 동안은 어머니나 아버지, 혹은 안심이 되는 일련의 물질적 지표들에 의해 제공되는 안전의 지표들이 절대적으로 필요하다.(83쪽 이하 참조) 아주 의존적인 시기를 사는 어린아이에게는 안전을 위한 지표들이 매우 중요하다.

그 다음에 정체성을 위한 지표들이 부각되는데, 아이가 아직 자유롭게 언어를 사용할 수 없으므로 이 지표들을 정착시키기는 쉽지 않다. 아이는 말을 하지만…… 주로 신체를 이용한다.(96쪽 참조)

소속의 지표들은 외부 세계와 아이 주변에서 오가는 말에 따라 아이에 의해 감지된다.(99쪽 참조)

쾌락의 지표들은 우선 아이 자신의 몸이나 아이와 소통하는 사람(들)에 의해 전달된다. 그 다음에는 장난감을 다루고, 냄새 맡고, 귀기울이고, 손끝에 느낌으로써 아이는 삶의 쾌락을 맛본다.(106쪽 참조)

4

첫 수년간의 지표들

생후 첫 수개월 동안의 '기본' 지표들은 필요한 것들이지만 그것만으로 충분하지는 않다.

의존 상태에 있을수록 아이는 지표들을 필요로 한다. 본서의 목표는, 이 지표들은 어떤 것들이며, 어떻게 작용하고, 왜 없어서는 안 되는지 설명하는 것이다. **그리고 좋은 지표라면 차후에 그것 없이도 지낼 수 있는 무엇이어야 한다는 점을 암시코자 한다.** 우리의 생각을 분명히 정리해 보자. 우선 아이에겐 지표들이 필요하다. 처음에 이 지표들은 외부로부터 전달된다. 그렇다면 이 지표들을 아이가 취하여 자기 것으로 삼고, 그 다음엔 외부의 도움 없이도 지낼 수 있도록 만드는 것이 우리의 목표이다.

그러면 좀더 자세히 설명토록 하겠다. 수백 명 아이들의 일상 생활을 추적하며 날마다 관찰한 결과 다음의 사실이 드러났다. 즉 발달 과정에서 적절한 순간에 필요한 도움과 좋은 지표들을 취하면, 아이는 그것들을 자기 것으로 삼아 조화로운 발전을 이룰 수 있다는 것이다. 반대로 이런 기회가 주어지지 않으면 아이는 그것들을 계속해서 찾느라 정신적 에너지를 소비하거나, 혹은 위협적으로 보이는 주변

환경에 맞서 싸우게 된다.

안전을 위한 좋은 지표들을 가졌던 아이는 그것들을 자기 것으로 삼아 아무 걱정 없이 주변 세계를 발견하러 나설 수 있다. 그는 이 지표들을 정신적으로 '소화할' 것이며, 이 지표들은 아이에게 속해 아이가 훌륭히 성장하는 데 필요한 마음의 평정을 줄 것이다.

정체성을 위한 좋은 지표들을 가졌던 아이는 자신이 누구인지 알며, 개성을 드러내 보이며, 더 이상 타인들에게 의지하지 않는다. 그는 자기 자신이며 그 사실을 알기 때문에(아주 함축적이고 직감적이며 무의식적으로), 그 사실을 그에게 말해 주고 영향을 미칠 누군가를 더 이상 필요로 하지 않는다. 이런 아이는 미심쩍은 영향력들에 휩쓸릴 위험이 없다. 학교에서도 누군가 계속 곁에 있어 학업을 도와 주어야 할 필요가 없다. 또 나중에 불건전한 개인이나 단체의 손아귀에 떨어질 위험도 없다.

적절한 시기에 주어지는 이 좋은 정체성의 지표들을 아이가 취하여 자신의 것으로 만든다. 그것들은 '아이 자신'이 된다. 그다지 호의적이지 못한 사람들의 눈길 속에서 자신이 누군지를 평생 동안 찾아 헤매는 사람과는 반대로, 그는 더 이상 자기 자신을 찾아야 할 필요가 없다.

적절한 시기에 소속을 위한 건전한 지표들을 가졌던 아이는 자신이 어떤 집단에 '속해' 있는지 안다. 즉 어떤 집단이 그를 떠받치고 있으며, 어떤 집단을 자신이 떠받치고 있는지를. 그리고 어떤 이상들이 자신의 것이며, 그의 삶에 의미를 부여할 수 있는지를 안다. 어떤 집단이나 신앙에 종속되지 않고도 이 모두가 가능하다. 이 지표들이 건

전하다면 그는 언제나 타인을 존중하며, 자신과 다른 집단이나 신앙을 존중할 것이다.

이 소속의 지표들이 적시에 주어지면 아이에게 흡수되어, 좋지 못한 의도를 지닌 집단이나 신앙에 쉽사리 빠지지 않도록 도와 줄 것이다.

'진지한'(이 표현에 주의하자!) 쾌락의 지표들을 가졌던 아이는 삶 속에서 어렵잖게 쾌락을 찾을 수 있을 것이다. 다양한 활동과 일에 대한 관심에서 비롯되는 쾌락을. 그래서 자신의 인격과 신체에 해로운 활동이나 물질에서 쾌락을 찾지는 않을 것이다.

적절한 시기

생후 첫 수개월간의 지표들에 대해 이미 말했으니, 이제 첫 수년간의 지표들과 청소년기의 지표들에 대해서도 언급하기로 하겠다. 그때마다 아이의 발달 과정상의 대략적인 접근을 시도하면서, '좋은' 지표들을 주기 위한 '적절한' 시기에 대해 말하면서 우리가 명확한 해당 연령을 언급하지 않는 걸 보며 독자들은 의아해할 수도 있겠다. 그런데 보다 자세한 연령을 제시하지 않는 것은 아이들 하나하나가 다르기 때문이다. 또한 우리가 말하는 서로 다른 지표들이 동시에 주어져야 한다는 점도 있다. 하나가 다른 하나보다 먼저 주어지는 게 아니다. 또 한 지표가 다른 지표 속에 끼여 박히거나 해서도 안 된다. 지표들은 집짓기 놀이에서처럼 하나씩 쌓아 올려지는 것이 아니기

때문이다. 그것들은 서로 병치되고, 상호 영향을 미친다. 예를 들어 안전을 위한 지표들은 생후 첫 수개월 동안 더 중요하지만, 그후에도 수년간 중요한 지표로 남는다. 아이에게 차츰 상황을 통제할 능력이 생기기는 하지만 말이다. 다른 지표들의 경우도 마찬가지이다. 그것들은 늘 중요한 지표들로서, 다른 형태를 취하거나 다른 방식으로 주어지거나 한다.

지표가 결핍되었을 때

생후 첫 수개월, 수년 동안의 지표들이 중요한 것이 사실이라면, 부모들은 다음과 같이 물을 수 있다. 이 지표들을 아이에게 주지 않았을 경우엔 어떻게 할 것인가? 아이가 그것들을 내면화시키지 못했다면 어떻게 할 것인가? 65쪽에서 언급한 토마의 경우를 비롯해, 우리가 문제 아동들을 두고 관찰한 것들이 그 대답이다.

이런저런 이유로 아이가 '적절한' 순간에 '적절한' 지표를 받을 기회를 놓쳤다면, 전문가와 상의하여 여러 도움을 통해 이 지표들을 주도록 해야 한다. 이 도움이 참으로 효율적이려면 아이 주변의 모든 사람들(부모를 포함해)이 행동에 나서야 한다는 점을 강조하고 싶다. 상황 파악을 비롯해 태도나 습관의 변화 등이 그것이다. 지나치게 진지한 자세를 취해야 할 필요는 없지만, 그래도 자각과 분석·수정의 노력이 있어야 한다.

오늘날엔 학교마다 교육상담원을 두어 도움을 제공한다. 그밖에도 **CMPP**(심리교육의료센터), **CMS**(스포츠의료센터) 혹은 사설 기관의 아동심리학자들도 있다.

　우리의 목표는 이 기본 지표들의 골자를 캐내어 그것들이 왜 중요한지, 또 그것들의 있고 없음이 어떤 파급 효과를 미치는지 밝히는 것이다. 잇달아 그것들을 아이(들)에게 적용시키는 것은 부모들 각자의 몫이다.

　실제로 어느 연령에 어떤 지표를 주어야 할지 명시된 지침을 주기는 불가능해 보인다. 우리가 강조하고 싶은 것은 아이의 약점들 및 그것들을 직시하고 넘어서기 위해 필요한 지표들이다. 일체의 장애물과 어려움이 제거된 세계 한복판에 아이를 두고자 함이 아니다…….그보다는 아이가 큰 불안 없이 그것들에 맞설 수 있도록 해주는 요소들, 그리고 앞으로 나아가기 위해 그것들을 넘어설 수 있는 요소들을 제공하자는 것이다. 프랑수아즈 돌토는 '나아가고-되어가는' 아이에 대해 언급한 바 있는데, 우리가 지금 말하는 것도 바로 그것이다. 즉 난관과 고통이 내포될 수 있는 현실과 대면하는 발전만이 진정한 발전이라는 사실. 난관과 고통을 추구하지는 않듯이 회피하려고도 하지 않으며, 그것들을 직시하고 넘어서는 것이 목표이다. 부모로서 우리가 아이들에게 최대한 갖추어 주어야 할 것이 바로 이런 능력이다. 여기서 최대한이란 완벽을 의미하는 게 아니라 실수를 받아들임을 의미한다. 이 실수를 통해 아이는 자신을 구축해 나가게 되는데……그것은 아이가 성장해 가는 이 세계가 완벽한 곳이 아니기 때문이다. 우리 자신 역시 완벽하지 못하다는 사실에서 아이는 이미 이 점을 이해하게 된다. 가능한 한 피해야 할 중대한 실수는 지나친 경직성이나 관용주의, 비일관성, 불안정한 행동과 태도이다.

첫 걸음에서 첫 단어로

안전을 위한 최초의 지표들이 어린아이에게 전달되는 것은 아이를 규칙적인 리듬 속에 들게 하고, 전반적으로 안정된 환경 속에서 지내게 하며, 헤어짐을 준비시키고, 아이에게 말을 걸거나 애무함으로써이다.

걷는 법과 청결에 대한 습득, 첫 단어 및 문장의 발설은 생후 1,2년 동안 아이가 쟁취해야 할 사항들이다. 그것들은 아이가 독립된 개체가 되기 위해 필요한 세 가지 주요 사항이다. 어쩌면 이 시기에 부모의 역할이 가장 어려울 수도 있다. 아직 어리기 때문에 놓이게 되는 매우 강한 의존 상태와, 독립을 쟁취코자 하는 욕구 사이에서 적절한 균형을 찾아야 하기 때문이다.

아이는 자신의 지표들을 철저히 바꾸어 놓게 될 이 세 가지 요소를 약 1년 동안 쟁취해야 한다. 인간의 여러 발달 과정을 두고 중요도를 설정키는 어렵다 해도, 생후 2년째는 수많은 지표들이 변동을 겪는 시기인 만큼 대단히 중요한 해라고 하겠다. 이 지표들의 범위가 눈에 띄게 확장된다. 어린아이는 여러 변화의 국면을 겪는다. 따라서 앞서도 지적했듯이 불안이 야기되는 단계이다. 아이는 발견 및 자유에 대한 욕구와, 그가 경험했던 안전에 대한 욕구 사이에서 분열된다. 발견하고 탐구하며, 한마디로 말해 약간의 독립을 쟁취할 수 있다면 아이는 아주 안전하게 '전진하게' 된다. 그렇지 못할 경우 아이는 퇴행하여 예전 단계에 머물게 된다. 그리하여 계속 안아 달라고 하거나,

'아기처럼 말하거나,' 대소변을 못 가리거나, 아니면 여전히 젖병을 빨거나 어른의 도움을 받아 영양을 공급받는다.

평온한 첫 걸음

걷기의 습득은 아이가 필요로 하는 안전의 지표들을 단적으로 보여주는 예이다. 아이가 앞으로 나아가는 기능은, 그가 나아가도록 어른이 내버려두는 기능과 밀접한 관계를 갖는다. 실제로 어른은 불안한 마음과 안전에 대한 욕구를 억누르려고 노력해야 한다. 몹시 불안해하는 부모에겐 모든 것이 아이에게 위험으로 여겨지는 만큼 아이가 한걸음씩 내디딜 때마다 안절부절못한다. 그러면서 부모는 아이에게 두려움을 전달하며, 아이는 자신의 습득 과정과 주변 세계를 이런 식으로 감지한다. 이같은 태도가 아이의 현재와 미래에 미치게 될 악영향은 쉽사리 짐작해 볼 수 있다. 스스로를 안전케 하려는 아빠나 엄마는 아이 주변에 금지 사항들로 이루어진 벽을 세우고, 아이의 활동 범위를 지나치게 제한하게 된다. 그렇게 해서 안전을 위한 부모의 욕구는 해소될지 모르지만, 대신 아이는 발견의 기쁨을 놓치고 만다. 다음은 발견의 기쁨을 마음껏 누릴 수 없었던 아이, 바스티앙의 이야기이다.

바스티앙, 금지 사항들의 중요성

학습심리학에서 간혹 아주 어린아이들을 접하게 된다는 사실을 알면 모두 놀란다. 즉 3세 혹은 2세의 아동들도 있다는 말이다. "이 연령의 아이에게 문제가 생길 수 있을까?" 하고 묻게 된다. 정말 그런 문제가 발생할 수 있을까?

그런데 불행히도 이 연령의 아이 역시 문제를 안고 있을 수 있다. 다행히 그런 문제들은 외부로 표출된다. 특별히 문제들의 징후라 할 수 있는 아이의 행동, 태도, 신체적 증상을 통해서.

바스티앙 역시 그런 묘한 행동을 보임으로써 내 눈에 띄게 되었다. 예를 들어 간식 시간에 나는 바스티앙이 잼 바른 타르틴을 뒤집어 들고서도 별로 신경쓰지 않는 모습을 보았다. 장난감을 갖고 놀 때에도 그것들이 '관심 밖'인 듯, 아무 의미도 목적도 없는 듯한 태도였다. 무슨 장난감을 갖고 놀든지 하찮은 물건인 양 무관심해 보였다. 면담시에도 그는 상대방을 바라보지 않고, 내가 하는 말을 반복하거나 '딴 데 있는' 사람처럼 보였다.

3세의 아동치곤 아주 우울한 형상을 제공해 주었다. 생기가 없고 주변 환경에도 관심이 없는 그런 아이를 우리는 접하게 된 것이다. 그에겐 친구도 없었다.

아이의 부모는 그를 '얌전한' 아이로 묘사하며, 또래의 아이들이 제기하기 시작하는 질문들(왜, 어째서 등)을 바스티앙은 하지 않는다는 말도 덧붙였다. 그러나 한 가지 일에만은 완전히 몰두하는 듯

싶다고 했다. "바스티앙은 한 시간이고, 한 시간 반이고…… 음악을 들어요"라고 부모는 말했다. 생후 첫 수개월 동안 들었던 바로 그 음악이었다. 오로지 이 음악만이 그의 관심을 끄는 것 같았다.

그런데 생후 2개월에서 1년 반 사이, 바스티앙이 성질이 아주 고약한 베이비 시터에게 맡겨졌었다는 사실을 나는 그의 부모를 통해 알게 되었다. 이 여자는 아이가 옴짝달싹하지 못하고 온종일 침대에만 있도록 하거나, 심지어 옷장 속에 가두어 둘 때도 있었다고. 불행히도 부모는 이 사실을 뒤늦게서야 알게 되었다고.

이런 어이없는 행동의 결과가 어땠을지 쉽게 상상이 간다. 세상에 대한 첫 발견에 나서게 된 시기에 바스티앙에게 족쇄가 채워진 것이다. 주변 세계에 대한 흥미가 날마다 새로워지는 이 시기에, 주위 환경에 관심을 갖고 습득을 해나가는 데 제동이 걸린 것이다. 아이는 놀이를 하지도, 일상의 사물들을 경험하지도 못했다. 집에서 보내는 저녁 시간도 낮 동안의 돌이킬 수 없는 균열을 보상해 줄 수는 없었다. 이런 상황에서 그가 '얌전한' 아이였다 해도 놀랄 일이 아니다. 아니, 얌전했다기보다는 심리적 요인에 의한 억제와 위축 상태에 있었다고 보아야 할 것이다.

바스티앙을 돕기 위한 작업이 곧 실천에 옮겨졌다. 즉 학교에서의 재교육과 외부에서 이루어지는 심리 치료였다. 내 자신은 부모에게 반성의 실마리들을 제공하는 한편, 수차례에 걸쳐 면담을 가졌다. 그런데 불행히도 그해 바스티앙이 다니던 유치원의 여교사가 아주 지쳐 있어 바스티앙에게 아무 도움을 줄 수 없었다. (여교사 자신이 개인적인 심각한 문제들에 직면해 있었다.)

그 다음해도 아이에게는 그다지 유익하지 못했다. 학교가 바뀌었지만, 이번에도 여교사의 보다 나은 보살핌을 받지는 못했다. 바스티앙이 다니던 학교가 내 관할 영역에서 제외됨으로써 나 역시 그의 가족과 더 이상 접촉을 유지할 수 없었다.

앞서도 말했듯이, 교사가 온정과 관심의 눈길을 돌릴 때 학교는 치유의 장소가 될 수도 있다. 그러나 불행히도 바스티앙은 이런 눈길을 받지 못한 채 2년을 보내야 했다.

5세에 바스티앙은 세번째 학교로 옮겨졌는데, 거기서 상냥하고 활력이 넘치며 사려 깊은 여교사를 만날 수 있었다. 그녀는 바스티앙에게 세심한 주의를 기울이며 용기를 주었다. 그런가 하면 이 학교가 다시 내 관할 영역으로 들어오면서 나는 다시 그의 부모와 접촉할 수 있었다. 또 한편으론 여교사의 지원을 받으면서…….

바스티앙은 차츰 좋아졌다. 자기 세계에서 조금씩 빠져나와 관계를 맺고 현실 속으로 들어오게 되었다. 학년말에 가서는 자기 자신과 타인들에 대해 관심을 갖게 되었다. 아주 수동적인 태도에는 변함이 없었고, 놀이도 전과 다름없이 아주 형식적이고 반복적인 것들이었지만…… 그에게는 여전히 활기가 부족했고, 또래의 아이들에게서 보게 되는 저돌적인 충동이 결여되어 있었다.

그래도 CP 학급(6-8세 아동 학급)으로 진급할 수는 있었고, 부모도 용기를 잃지 않았다. 그들은 끊임없이 바스티앙을 자극하고 격려했다.

이렇게 해서 진전이 이루어졌다. 좀 경직된 면은 그대로였지만, 새로운 것에 대한 두려움이 전보다 훨씬 덜했는데, 이것이 큰 진보

를 이루는 데 매개가 되어 주었다.

지금도 바스티앙은 정상적인 학업 과정을 밟고 있다. 쉬운 일은 아니지만, 그래도 꾸준히 성격이 개선되어 더 쉽게 관계를 맺고, 보다 개방적이고 쾌활해졌다.

실제로 바스티앙의 비극적인 경험을 통해, 우리는 생후 최초의 발견들 및 첫 걸음과 그에 따른 금지 사항들의 중요성을 통감할 수 있었다. 현재와 향후의 호기심, 세상에 대한 욕구에 있어 모든 것이 결정되는 발전의 국면이기 때문이다. 부모나 그밖의 보호자의 태도에 따라 아이는 놀라운 발전과 활력의 매체를 발견하게 되는 것이다.

처음 걷기를 시작하는 아이의 안전은 날마다 그 '감독자들'의 현존과 평온함에 의해 지켜진다. 처음에 아이는 당신이 가까이 있어 줄 것을 필요로 한다. 다음에는 생명 유지를 위한 더 많은 공간을 필요로 한다. 아이가 걷도록 내버려두면서 우리는 아이의 개인화 과정에 참여한다. 이제 그가 통제할 수 있게 된 이 행위에 의해 아이는 가고 싶은 장소를 선택한다. 그러므로 이제 개인으로서 스스로 자신의 행동을 결정짓는다. 이 영역에서 지나치게 많은 금지 사항들은 아이가 정체성에 접근하는 데 거세 콤플렉스적 요인들로 작용한다.

지나치게 많은 금지 사항들임을 기억하자. 어린아이의 신체적·정신적 안전에 필요한 금지 사항들을 말하는 게 아니다. 호기심을 만족시킨다는 핑계로 신체적·정신적 온전함을 위험에 빠뜨릴 수 있는 경험에 아이를 방치해서는 안 된다. "금지 사항들을 위반하면 실제로 고통이 뒤따르므로, 아이는 경험을 통해 이 금지 사항들이 안전을 위

한 것임을 발견한다"고 한 프랑수아즈 돌토의 말을 기억하면서.[1]

물론 금지 사항이 그저 명령적이 되어서는 안 된다. "이건 하면 안돼"나 "저건 하면 안 돼" 같은 말들은 교육적이지도, 안전을 위한 것도 아니다. 그것들은 그저 거세 콤플렉스를 일으킬 따름이어서 시련을 넘어서는 법을 배우지 못하게 하며 제재만 가한다. 그러므로 왜, 어디에 위험이 있는지 차분히 설명해 주며 미래를 전망할 수 있도록 해야 한다. "나중에 더 자라면 이것 혹은 저것을 할 수 있을 거야(예를 들면 혼자서 길 건너기)"라는 등. 금지 사항이나 이같은 전망의 제시는 아이의 안전을 보존하면서 그 미래를 열어 줄 것이다. 일체의 금지 사항은 아이가 미래에 대한 전망을 가질 수 있도록 할 때 교육적이고 역동적인 것이 될 수 있다.

생후 수년 동안의 지표들

어린아이는 아직 안전을 필요로 한다는 사실을 이해했으리라 믿는다. 아이는 주변 환경과 연관된 물질적 지표들을 필요로 한다. 아이에게 자기 방이 없을 경우에도 '자신만의' 물건들을 가질 필요가 있다. 옷, 장난감, 작은 가구 등……. 그것들은 아이가 그 속에서 안전함을 느끼도록 해주는 요소들이다. 또 이사할 때에는 두 장소를 잇는 진정한 과도 대상이 되어, 아이가 새로운 장소를 한결 잘 받아들일

---

1) 프랑수아즈 돌토, 《몸의 무의식적 이미지》, Le Seuil, 1984.

수 있도록 한다. 보다 단순하게는 걱정 근심이 생겼을 경우 이 친근
한 대상들 속으로 피신할 수도 있다.

이별은 언제나 조심스럽게 준비되고, 말로 표현되어야 한다. 다음
박스 안의 글은 어떻게 유치원 입학을 준비해야 할지를 매우 구체적
으로 설명한다.

입학을 위한 십계명

유치원 입학을 가장 두려워하는 사람이 항상 아이 본인은 아니라
는 사실을 인정하자.

이 경우 우선 안심시켜야 할 사람은 엄마이다. 아이에게뿐 아니라
엄마에게도 변화가 생기기 때문이다. 특히 엄마가 집에 있을 경우에
그렇다. 엄마에게 동무가 되어 주었던 어린 아들 혹은 딸이 이제부
터는 다른 사람들과 시간을 함께 나누게 된 것이다…….

엄마가 우선 극복하지 않으면 안 되는 것은 엄마 자신의 불안이
다. 엄마의 지나친 불안은 아이에게 옮겨질 수 있고, 그렇게 되면 아
이의 입학에 난관이 닥친다. 엄마가 근심을 떨쳐 버리기 몹시 어려
울 경우에는 입학 시기에 아빠가 아이와 동행하라고 충고하고 싶다.

이 입학을 준비하고, 그것도 여러 방법으로 준비하는 것이 아이를
위해 좋다.

1) 학교에 대해 긍정적으로 말해 주어야 한다. "학교는 참 좋은 곳
이야. 친구도 사귀고, 재미나게 놀 수도 있거든. 선생님들도 친절하
시단다. 운동장에서 뛰어놀 수도 있지"라는 식으로. 이런 긍정적인
메시지들은 모두 환영받을 만한 것들이다.

2) 지식이 얼마나 큰 가치를 갖는지 말해 주는 것도 중요하다. "나중에 넌 읽는 법을 배울 텐데, 그건 근사한 일이지. 왜냐하면……"이라고 하면서. 부모 자신이 책을 읽고 일상의 사물들에 관심을 보이면서 지식의 효용성과 기쁨을 몸소 보여 줄 수 있다면 더욱 좋다.

3) 입학 전에 가족이 함께 학교에 가서 '아이가 자라날' 그 장소를 보여 줄 수도 있다. 그러면 입학식 당일에 이 장소가 아이에게 훨씬 친근하게 여겨질 것이다.

4) 입학식 전 학용품 구입에서 기쁨을 맛볼 수 있다. 예컨대 아이가 어떤 옷을 정말로 입고 싶어하면, '아이의 스웨터를 돋보이게(?) 하는 이 깜찍한 형광색 벨트'에 한번쯤 눈감아 주어도 좋다.

5) 입학을 준비한다는 것은 학교의 좋은 점을 말해 주는 것이지만, 그렇다고 늘 학교에 대한 이야기만 하라는 말은 아니다. 입학은 분명 중대하고 기쁜 사건이지만, 그렇다고 아이가 처음으로 우주 여행을 떠나거나 하는 건 아니니까…….

6) 입학을 준비한다는 것은 또한 며칠 앞서 새로운 시간표를 마련하고, 향후 약 10개월 동안 아이가 정해진 시각에 일어날 수 있도록 습관화시키는 것을 말한다.

7) 입학식 당일에는 엄마 아빠도 몇 시간 분주함에서 벗어나 아이가 조용하고 평온한 분위기에서 이 사건을 맞이할 수 있도록 한다.

8) 학교에서 부모의 참관을 마련해 놓았다면 기꺼이 이 절차에 응함이 좋다. 그것이 없다 해도 항의하지는 않도록 하자. 입학식 날에는 몇 분 동안 부모의 수업 참관이 허락되는 것이 보통이지만.

9) 아이를 학교에 두고 가며 자꾸 머뭇거릴 필요가 없다. 그보다는 몇 시에 데리러 올 건지 아이에게 말해 주는 편이 낫다. 황급히 물러나는 것도 좋지 않다. 떠나지 못하고 계속 머뭇거리는 것도, 바

삐 가버리는 것도 똑같은 불안을 의미할 수 있기 때문이다. 물론 후자의 경우는 정말로 무관심에서 비롯된 것일 수 있지만, 적어도 이 글을 읽는 부모라면 그렇지 않으리라 확신한다…….

10) 아이가 좋아하는 소지품을 가져가고 싶어하는가? 그렇게 하도록 내버려두라. 위니코트의 책을 읽은 교사라면 그런 일에 익숙해져 있을 것이다.

시간과 공간을 통제하기

생후 2년에서 6년에 이르기까지 아이는 시간과 공간 속에서 자신의 위치를 파악하게 된다. 3,4세가 되면 하루의 여러 순간(아침, 점심, 저녁)을 구분할 수 있으며, 5,6세에는 한 주간의 요일을 파악한다(내일은 ○요일이고, 어제는 ○요일이었다). 공간에 대한 통제력이 생겨, 이를테면 5세에는 먼 것, 가까운 것, 곁에 있는 것, 위에 있는 것, 아래에 있는 것이 무엇을 의미하는지 알게 된다. 당신과 함께 나누는 일상의 경험들, 말로 표현되는 경험들을 통해 아이는 이를 터득한다.

이 지표들은 주변 환경에 대한 통제력을 갖게 해주는 요소인 동시에 지식이다(아이는 '곁에 있다'는 것이 무엇인지 안다). 이 점에서 그것들은 안전을 위한 지표들이다. 예컨대 아이와 작별하는 순간, 아이가 시간과 공간에 대한 개념들을 갖고 있다면 이해시키고 안심시키기가 훨씬 '수월'해진다.

안전을 위한 이 시간과 공간의 지표들은 하루하루 자리를 잡아간

다. 2세인 아이에게 그저 "너, 내 곁으로 올래?"라고 묻는 순간에도 우리는 아이에게 세 가지 지표를 전달하게 된다. 즉 안전을 위한 지표(그의 곁은 안심할 수 있는 곁이라는 것), 정체성을 위한 지표(아이의 이름과도 관련되는 '너'의 사용), 문화적 지표(곁이라는 개념은 '가르쳐 주지 않아도' 그렇게 해서 이해된다). 이런 유형의 상호 작용을 늘려 감으로써 우리는 아이가 필요로 하는 지표들이 자리잡도록 한다.

우리가 어린 아들 혹은 딸에게 "내일 우린 엘로디 이모 집에 갈 거야"라고 말한다면, 아이에게 두 가지 새로운 지표를 전해 주는 셈이 된다. 즉 우리를 안전케 하는 시간 속에서의 지표('내일, 우리……'는 어떤 계획이 있다는 것, 내일은 예측 가능하며 미지의 무엇이 아니라는 것, 아이가 이 계획에 완전히 포함되어 있다는 것을 함축한다)와, 소속의 지표('아이'와 '우리'가 있는가 하면, 우리가 방문을 할 만큼 중요한 엘로디 이모가 있다)를.

여러 요인이 작용하고 표명됨으로써 이 모든 지표들이 자리를 잡는다. 아주 무의식적이고 기분 좋게…….

학습심리학에서 늘 놀라움을 주는 사실이 있다. 즉 문제 아동들은 어김없이 의미 있는 상호 작용이 결여된 아동들이라는 점이다. 정체성을 느끼지 못하는 아동들, 자주 불안에 사로잡히고 가족의 활기에 동참할 수 없는 아동들이다. 마치 그들은 '영향권 외부에' 머물렀던 듯싶다. 그들은 가정 생활에서 주역이 될 수 없었던 아이들, 주체가 아닌 객체였던 아이들이다.

청각 장애가 제대로 발견되지 못한 아동들에게서 비슷한 경우를 찾아볼 수 있다. 엘로디도 이 경우에 속한다. 인격 형성과 취학 이전 지

식의 습득에 있어 언어를 통한 상호 작용이 얼마나 큰 중요성을 지니는지를 단적으로 보여 주는 예이다.

엘로디, 교제의 기쁨을 되찾기

엘로디는 운이 나빴다. 어떤 불분명한 이유들로 인해, 여러 전문의들로 구성된 의료진도 그의 청각 장애를 찾아내지——아무튼 해결하지——못한 것이다. 태어나면서부터 엘로디는 심각한 청각 장애를 앓고 있었던 듯싶다.

이 장애는 5세 때 한 이비인후과 의사를 만남으로써 해소되어 엘로디도 마침내 어려움을 극복하게 되었다.

그러나 엘로디는 연령에 비해 이미 상당히 학업이 뒤떨어져 있어서 CP 학급[6-8세 아동 학급]으로의 진급이 불가능한 상태였다. 학교의 교육팀은 아이를 5-6세 아동 학급(grande section)에 붙잡아 두기로 결정했다. 이 두번째 해 초기에 나는 엘로디와 처음으로 대면했다. (엘로디가 그 학교에 온 건 1년 전이었지만, 당시에 그 학교는 내 관할 영역이 아니었다.)

맑은 눈의 작은 금발 머리 소녀 엘로디는 좀 콧소리를 내었고, 때문에 의사 표현을 제대로 하지 못했다. 자기 자신도 그것이 못마땅한 것 같았다. 또 말하기 연습을 그다지 좋아하지 않는 듯싶었는데, 여교사의 생각도 같았다. 친구들과의 관계에서도 엘로디는 약간 수줍음을 탔고, 교제를 좋아하지 않았다.

엘로디에게 언니 둘과 오빠 한 명, '인형과 레고'가 있다는 것, 책을 '본다'는 것, 그리고 비디오로 《알라딘》과 《미녀와 야수》를 보았다는 사실을 나는 엘로디 자신의 말을 통해 알 수 있었다.

하지만 대화의 내용은 전반적으로 빈약했다. 학교 교육과 무관한 단답식 질문에서는 거의 문제가 없었지만, 보다 큰 자율성을 요구하는 시험은 그렇지 못했다. 6세의 엘로디는 아직 좀 의존적인 데가 있었으며, 개인화가 완성되지 못한 상태였다. 지식을 올바로 습득하기 위해서는 자율적인 심리적 성향이 필요한 만큼 엘로디에게는 문제가 있었다. 외부의 지식을 수용하기 위해서는 자기 주장을 갖는 것이 중요하다. 그것이 없다면 무언가를 시작케 하고 도와 줄 누군가를 늘 필요로 할 것이다.

아이의 이런 의존성은, 가족들의 과잉보호를 낳게 한 청각 장애에서 말미암은 것이었다. 충분히 납득이 가는 이런 과잉보호로 인해 엘로디는 책임감을 가질 수 없었다.

그런가 하면 그런 청각적 문제로 인해 형식과 내용면에서 완성도 높은 언어 습관을 소유할 수도 없었다. 잘 들을 수 없었던 엘로디는 다른 사람들과 사귀는 걸 싫어했다. 자신의 장애를 인식하면서 불안해했고, 따라서 자신감을 점점 잃어 갔다.

청각 장애는 엘로디가 풍부한 어휘력을 갖지 못하도록 막았다는 사실도 우리는 알게 되었다. 위쪽, 아래쪽, 중앙, 더 먼 곳 따위의 개념들에 있어 특히 그랬다. 문장 안에서 수시로 사용되어 사고를 명확히 해주는 이 사소한 단어들, 아이들 내면에 '자연스럽게' 자리잡게 마련인 단어들 말이다.

이 개념들은 행위가 단어에 의해 강조될 때 정착되고 내면화된다. 예를 들어 탁자 위에 놓인 잔 좀 줄래? 라고 물었다고 하자. 이 평범한 문장은 여러 차례의 경험을 통해 어떻게 '위' 라는 개념이 아이 속에서 내면화되는지를 보여 준다. 물론 아이가 이 개념을 듣는다는 전제하에서이지만, 불행히도 엘로디는 그렇지 못했다.

그런데 아이들에게 어떤 명령을 내리거나, 혹은 독서를 제안할 때 이런 유형의 개념은 학교에서 끊임없이 사용된다. 따라서 엘로디의 이같은 상황은 학업상의 어려움은 물론 언어로 이루어지는 관계상의 장애를 의미하였다.

한 해 동안 엘로디에게 여러 도움이 제공되었고, 아이도 눈에 띄게 달라져 갔다. 수개월 뒤 다시 보게 되었을 때에는 친구들과 즐거운 시간을 보내고 있었다. 성격도 훨씬 활달해지고 수줍음도 덜 탔으며, 듣기·말하기에도 익숙해져 있었다. 약간의 불안과 의존의 기미는 여전히 보였지만…… 그래도 상당한 진전이 이루어졌음을 알 수 있었다. 그후 CP 학급으로의 진급도 가능했다.

이 예는 질적으로나 양적으로 성공적인 교제가 얼마나 중요한지를 증명해 준다. 엘로디의 청각 장애가 생리학적 원인으로 말미암은 것이었다면, 심리학적인 이유로도 같은 장애를 겪을 수 있다. 두 경우 모두 관계상의 능력이나 자기 주장을 갖는 데 영향을 미치며, 학업과 학업 이외의 교양을 쌓기 위해 바탕이 되는 풍부한 어휘력을 갖는 데에도 파급 효과가 있다.

정체성을 위한 '싫어'에서 '나'……

아이의 정체성은 1세에서 6세에 걸쳐 계속 확립되어 나간다. 이 정체성은 갓난아이가 주변 환경과 갖는 교류를 통해 이미 자리잡는다. 그리고 말을 할 수 있게 됨에 따라 아이는 온전한 대화상대자가 된다. 물론 아이에게 이 역할이 허락된다는 전제하에서 말이다.(65쪽 토마의 경우 참조)

우리 아이들이 사용하는 '싫어'라는 말은 이 정체성 획득을 위한 첫번째 요소들 중 하나이다. 당신의 말을 거절하고 반박하면서 아이는 당신과 구별되기 시작한다. 아이는 자신의, 혼자만의 존재를 뚜렷이 드러낸다.

그러므로 아이가 '싫다'고 해도 걱정할 필요는 없다. 오히려 그건 건전한 발달 과정을 의미하므로 기뻐해야 한다. 그러나 무조건 '싫다'고 대답한다면 거기에는 의심해 볼 만한 증세가 도사리고 있음이 분명하다.

'나'라는 말에는 불안정의 요인이 훨씬 적으므로 아이가 이 말을 사용해도 부모는 그다지 걱정하지 않아도 된다. 아이에게 '너'라고 말하고, 아이를 존중하며, 또 생각도 욕구도 없는 존재로 여기지 않고 흥미로운 대화 상대로 인정한다면, 아이는 '나'라는 말을 더 쉽게 쓸 수 있다는 사실을 기억하자.

정체성을 위한 지표들에는 장난감이나 옷도 포함되는데, 그것들 역시 안전을 위한 측면을 지닌다.

······그리고 소속을 말해 주는 우리로 나아가기

생후 첫 6년 동안 아이는 자신이 살고 있는 사회 속에 뿌리를 내린다. 우선 가족 속에, 그리고 잇달아 보다 광범위한 사회 속에 뿌리를 내린다. 아이는 소속의 지표들을 통해 그렇게 한다.

모든 식물과 마찬가지로 인간도 뿌리를 필요로 한다. 계통수(系統樹)라는 상징도 우리에게 이 사실을 일깨워 준다. 튼튼한 뿌리에서 우리는 힘을 끌어낸다. 파트리시아 강댕[2]은 《절름발이 소녀》라는 책에서 자신의 경험을 이야기한다. 즉 진짜 아버지가 누군지 알게 된 소녀는 더 이상 다리를 절지 않게 되는 것이다. 엄마에게도 다음과 같이 말하지 않게 된다. "엄마는 농장에서 썩기 위해 사랑하는 남자를 포기했어요. 날 이런 포기와 매장 상태로 몰아넣은 게 엄마예요. 난 머리털 하나까지 그를 닮았는데요. 엄마는 그 남자를 내 아빠로 택하고선 날 절단하고 절름발이가 되게 했어요. 마음만 먹었다면 엄만 다른 사람이 될 수도 있었을 텐데······ 내겐 마음에 드는 아빠가 있었을 테고. 내 아빠가······." 여기서 우리는 정체성을 위한 튼튼한 지표의 필요성을 재발견하게 된다. 현존하든 안하든, 드러나고 말해진.

아이에게 가족 구성원들을 입에 올려 소개해야 하는 것은 언제나 엄마이다. 아버지, 형제자매, 방계 혈족 등. 하지만 그들이 누군지 아는 것만으론 충분치 않다. 각자에게 어떤 역할과 이력을 연계시켜 설

---

1) 파트리시아 강댕, 《절름발이 소녀》, Robert Laffont, 1996.

명해 주는 게 중요하다. 소설가라면 등장 인물을 더 생생하고 실감나게 그리기 위해 깊이를 제공해야 한다고 말하리라. 예를 들면 "아빠. 이름은 알퐁스. 아빤 일하러 가셨다. 이제 38세가 될 것이다"라고. 매번 인명 사전식 전기를 쓰라는 게 아니다. 당신에겐 하찮은 것이지만 아이에게는 중요한 몇몇 세부 사항들을 말해 주라는 것이다.

7, 8, 9세가 되어서도 아빠가 하는 일이 무언지 모르는 아이들이 얼마나 많은가? 견고한 실체를 갖지 못한 이 아빠는 무엇을 의미하는가? 깊이를 부여받지 못한 이 아빠는. 차후에 이 아이들은 일과 어떤 관계를 맺게 될 것인가? 가족 속에서 어떤 적극적인 역할을 담당할 것인가? 누군가 그들에게 말해 준 적이 있는가? 그들은 알 가치가 없다고 생각한 걸까? 아니면 그런 건 아무래도 좋다고 생각한 걸까? 우리는 이런 질문들을 끝없이 제기할 수 있겠다. 하지만 여기서 우리는 아이가 능동적 존재가 아닌 수동적 존재로 여겨지고 있음을 알 수 있다. 아이는 주체가 아닌 객체로 취급되고 있는 것이다.

혹 아빠가 산책길에 직장으로 아이를 데려가 자신이 어떤 일을 하는지 쉬운 말로 설명해 준다면 아주 좋을 것이다. 그렇게 해서 아이에게 의미가 충만한 세계를 만들어 주고, 견실한 삶을 전해 준다. 그 무엇도 형체와 의미를 지니지 못한 칙칙한 어둠 속에 살지 않도록 말이다.

소속을 위한 교육

정신분석학에 의하면, 생후 몇 년 동안 개인의 초자아가 자리를 잡는다. 초자아는 법 규범과 관련된 심리적 법정이다. 우리에게 선악의 개념을 무의식적으로 심어 주는 것도 이것이다. 물론 특정한 사회·문화에 따른 선과 악이다. 우리가 어떤 시대 혹은 어떤 종족에 속해 있는가에 따라 이 개념은 달라질 테니까. 간단한 예를 들면 몇 년 전만 해도 유산은 죄의식을 낳았지만, 오늘날엔 그렇지 않다. 어떤 교육이나 깊은 신앙에서 비롯된 개인적 확신이 없다면 말이다.

초자아가 자리잡도록 하는 것은 교육 및 가정과 사회의 규범들이다. 우선 부모가, 그리고 교사들이 무엇이 '선'이고 '악'인지 말하면서 이 법정이 차츰 자리잡도록 한다. 프로이트가 《정신분석학 입문》에서 우리에게 상기시키고 있는 것이 이것이다.(다음 박스의 글 참조)

우리가 본문에서 말하고자 하는 바는, 인간은 어떤 그룹에 대한 소속감을 느낄 필요가 있다는 사실이다. 이 그룹과 나눔을 갖고, 이 그룹을 위해 무언가를 할 필요가 있다. 그 누구도 이 원칙을 피해 갈 수는 없으며, 같은 '가치'를 나누어 갖는 그룹에 우리 모두 어느 정도 속해 있다.

그런데 우리가 가장 큰 애착심을 갖는 것은 가족이다. 우리가 거기속하고 받아들여지기 위해서는 그 규범을 받아들여야만 한다. 그에 따른 모든 위험 요소들을 끌어안고 말이다. 실제로 가정의 법은 아주불공평할 수 있으며, 만인이 동등한 대우를 받는 정의로운 법과 전혀

공통점이 없을 수도 있다. 부모가 자신의 법을 제정할 수 있는가 하면…… 또 아이가 그 자신의 법을 세우도록 내버려둘 수도 있다.

건전한 법은 구성원 각자를 모두 존중한다는 사실을 새삼 명시할 필요가 있을까? 어느 한 사람을 위해 다른 가족들을 희생시키지 않는다는 사실을. 건전한 법에서는 저마다 자기 자리를 차지할 수 있다는 것을.

프로이트와 교육

"[…] 수년 안에 꼬마 원시인은 문명인으로 변모되며, 인류가 이룬 엄청난 문화적 진화를 눈 깜짝할 사이에 통과한다. 이 현상은 유전적 성향에 의해 가능케 되지만, 부모의 영향력과 교육이 수반되지 않으면 절대로 실현될 수 없다. 교사와 부모는 초자아의 선구자로서 금지와 처벌이라는 수단을 통해 자아의 행위를 제한하는 한편, 심리적 억압이 이루어지도록 돕거나 심지어 강요하게 된다. 그러므로 신경증의 결정적 요인들 가운데 문명의 영향이 있음을 결코 잊어서는 안 된다. 미개인은 품행이 방정해야 할 필요가 없지만, 문명인은 그러기 위해 고된 노력을 한다는 점을 인정치 않을 수 없다. 심리적 억제를 받지 않는 강한 자아를 소유코자 하는 욕구는 자연스러워 보이지만, 우리가 사는 시대가 가르치고 있듯이 이 열망은 문명과 근본적인 대치를 이룬다. 그런데 이 문명이 요구하는 바들은 가정 교육으로 표출된다. 그러므로 어린아이의 연장된 의존성이라는 인류의 이 생물학적 특성을 신경병인학에 삽입해 넣기를 잊지 않도록 하자[…]."

프로이트, 《정신분석학 입문》, PUF, 1992.

아이는 규율과 금지 사항들을 필요로 한다. 이것들이 제자리를 잡게 되는 것은 생후 첫 6년 동안이다. 그후엔 문제가 어려워지거나, 때론 너무 늦고 만다…….

사회적 법령 및 생활 규범의 수용은 그 그룹에 받아들여지기 위한 통행증이다. 그런데 여러 조건이 합쳐져서야 아이는 이것들을 수용할 수 있을 것이다.

– 무엇보다 아이 자신이 사랑받고, 존경받고, 안전하다는 느낌을 가져야 한다. 그렇게 해서 아이는 자신의 신체적·정신적 온전함에 필요한 금지 사항들 및 타인의 자유와 관련된 금지 사항들을 받아들인다. 바로 이런 상황에서 규율과 법을 받아들일 것이다. 그것들이 자신에게 해가 되거나 제재를 가하기 위한 것이 아님을 느낄 것이기 때문이다. 오히려 그것들 덕분에 자신이 가족 집단으로부터 사랑과 존경을 받음을 느낀다. 반대의 경우엔 법이 욕구 불만을 가중시켜 아이에게 먹혀들지 않을 것이다.

– 이 법은 이야기되고 설명되어야 하겠지만, 또한 몸소 행동으로 보여져야 한다. 간혹 말의 효력을 내세우면서 무시할 수 없는 모범의 효력을 잊는 수가 있다. 행동도 말만큼 중요한데 말이다…….

– 이 법은 생후 첫 몇 해 동안 보다 쉽게 정착될 수 있는데, 그건 아이의 유연성과 탄력성 덕분이다. 아이는 부모를 완전히 신뢰하며, 부모에게서 오는 법은 '절대적인' 법이 된다. 이 법이 건전하면 아이에게 더없이 좋겠지만…… 그렇지 않을 경우엔 불평이 나올 수밖에 없다. 이 법이 건전해서 아이가 나중에 속하게 될 사회 집단의 법과 일치한다면 다행이다. 그만큼 아이도 쉽게 적응할 수 있을 테니까.

그 반대라면 아이는 배척당하거나 소외당하고, 그렇지 않다 해도 적응에 큰 어려움을 겪을 것이다.

생후 첫 수년간 주어지는 소속의 지표들은 무엇보다 교육적 지표들이다. 교육적 지표들이야말로 사회화의 기초가 되기 때문이다. 이 과정에서 여러 좌절이 뒤따르겠지만, 이 좌절들은 수용되고 극복될 수 있다. 그것들을 받아들였다는 사실에서 아이가 만족을 찾는다면 말이다. 이 만족은 한 집단에 속해 지탱되고 사랑받는다는 기쁨, 또 자신의 존재가 집단의 응집력에 기여한다는 기쁨이다.

아이와 신앙

집단에 속한다는 것은 어떤 종교에 가담하고, 그 계율을 준수함을 의미할 수 있다. 혹은 계율을 세세히 지키지는 않는다 하더라도 그 종교의 원칙들을 믿는 것을 의미하기도 한다.

아니면 철학적 · 정치적 '이상'일 수도 있다. 여기서도 같은 원칙이 적용되어 전적인 가담자와 부분적인 가담자가 있다. 사려 깊은 부모라면 다음과 같은 질문을 제기할 수, 아니 제기해야 한다. 즉 아이에게 내 신앙을 주입시킬 것인가? 내 이상을 나누어 갖도록 할 것인가? 결국은 내 개인적 확신에 불과한 것을 아이로 하여금 믿게 할 것인가? 나의 믿음과 확신을 언젠가 아이도 갖게 될 것인가?라는 질문을.

여기서도 몇 가지 주의 사항을 지키면 이 질문들에 대답할 수 있다. 우선 '순리에 맡겨야 한다'든지, 아이가 스스로 욕구를 느낄 것이라

는 생각은 떨쳐 버려야 한다. 이것은 물 먹은 탈지면 위에서 강낭콩 자라듯 아이도 자란다고 믿는 환상가들의 순진무구한 생각이기 때문이다. 물만 주면 저절로 씨앗에서 싹이 튼다고 믿는…… '난 상관 안 해'라는 태도는 아니더라도 지나친 관용주의에 가까운 이 자유주의가 초래할 수 있는 재난이 어떤 것일지 누가 예측하겠는가…? 아이는 누가 자신을 돌봐 줄 것을, 또 생각과 관심·열정을 자신과 나누어 갖기를 필요로 한다. 땅에서 온천 솟듯이 이것들이 솟지는 않기 때문이다. 그것들은 타인들에 의해 유도된다. 중요한 건 아이가 그것들에 발목이 잡히거나 갇히지 않도록 하는 것이다. 또한 아이가 독립적이고 책임감 있고 자유로우며, 자기 자신에게 그렇듯이 타인들을 존중하는 사람이 되기를 바라는 것이다.

당신은 무언가를 믿는가? 이상을 가졌는가? 어떤 견해를 확실히 믿는가? 그렇다면 걱정하지 말고 그것을 당신의 아이와 나누어 갖도록 하라. 당신의 열정을 공유하는 걸 아이도 좋아할 것이다. 당신과 함께 참여하며 아이도 생기에 넘칠 것이다. 그러나 한 가지 매우 중요한 조건이 있다. 즉 거기에는 항상 타인에 대한 존경이 수반되어야 한다는 것이다. 어떤 신앙·이상·확신이 다른 사람이나 집단, 신앙이나 이상, 확신을 배척하며 자리잡아서는 안 된다는 것. 다른 누군가에 대적하여 구축되는 것은 모두 불길하며 파괴적이다. 그것은 증오와 아집·무례를 부추길 따름이기 때문이다. 그런데 무례는 어느 순간에 이르러 무례를 범하는 당사자에게 해를 끼치게 된다.

무엇보다 다음의 사실이 전제되어야 한다. "나는 이렇게 혹은 저렇게 생각하며, 이것 혹은 저것을 믿는다. 그러나 나와는 달리 생각하

는 사람도 이해하며 그 생각을 존중한다"는 것. 이것은 말로 표현될 수 있는 한편, 다른 사고 방식에 대한 우리의 태도나 입장의 표명을 통해 드러나기도 한다. 타인에 대한 존중심을 잃지 않을 때 또한 어린아이를 존중할 수 있다. 당신의 열의가 아이를 마음대로 하려고 해서는 안 된다. 당신 자신이 자주성을 잃어서는 안 되듯이 아이가 자주성을 잃게 해서도 안 된다. 자기 상실은 모두 극단적인 의존의 징조이다. 이것은 개인으로서 제대로 된 확신이 없는 사람의 징후로서, 이런 사람은 자신을 확신할 수 없기 때문에 타인들이 만들어 놓은 사고나 생활 방식에 기댈 수밖에——그리고 복종할 수밖에——없다.

신앙이나 이상이 건전한 지표가 될 수 있다. 그것들이 개인에게 도움이 되고, 삶에 의미를 부여하고, 사고를 풍요롭게 하고, 정체성과 개인의 자유를 잃지 않도록 할 때 그렇다.

그러므로 아이가 나중에 다른 견해나 신앙을 접하게 되더라도 그것들에 귀기울이도록 내버려두라. 그래도 전혀 걱정할 필요가 없다. 당신의 믿음이 건전하다면 아이가 그 믿음에 등을 돌리지는 않을 테니까. 이 믿음에 힘입어 아이는 다른 사람들 속에서 조화를 이루며 살아갈 수 있을 것이다.

많은 청소년들과 젊은이들이 어린 시절에 전수받았던 종교를 버리는 이유는 이 종교가 '나쁜 것'이어서라기보다는, 이 종교에 대한 이론적·실질적 체험이 그들에게 어떤 마음의 평온이나 기쁨, 삶의 즐거움을 주지 않았을 뿐 아니라 종교를 통해 마땅히 누려야 할 조화로운 삶도 불가능했기 때문이다.

쾌락의 지표들에 주어지는 우선권

인간은 놀이하는 자이다. 어린아이는 더욱 그렇다. 그런데 놀이가 특별한 위치를 점하는 시기가 있다면, 그건 분명 어린 시절이다. 놀이는 중요한 쾌락의 지표이다. 놀이의 첫번째 기능은 쾌락을 준다는 것이다. 감각과 몸의 훈련에 따르는 쾌락이다. 걷고, 달리고, 뛰고, 바닥에 구를 때, 아이는 자기 몸의 체험에서 오는 유쾌한 만족감을 맛본다. 남자아이들의 놀이가 여자아이들의 놀이보다 보통 좀더 '거친' 까닭은 남자아이들의 근육이 더 발달해 있기 때문일 것이다.

아이의 지적 발달과 학업적 성공에 부모들이 얼마나 큰 관심을 보이는지 우리는 경험을 통해 안다. 그런데 분명히 해두어야 할 사실이 있다. 즉 아이는 놀면서 지력을 발달시켜 간다는 것. 놀이를 통해 아이는 주의력과 집중력을 발달시키며, 무언가에 흥미를 느끼거나 규율을 준수하는 능력을 키워 나간다.

실제로 놀이는 중요한 쾌락의 지표이지만, 그것이 전부는 아니다. 하지만 놀이가 효율적인 이유는 쾌락과 관련되기 때문이다. 마지못해 시무룩한 기분으로 하는 취학 이전의 어떤 훈련보다도 말이다.

이것은 앞서 말했듯이 몸과 관련된 쾌락, 감각과 관련된 쾌락이다. 소리를 내고, 감촉이 다른 물건들을 만져 보고 만지작거리며, 다양한 색채를 보는 것이 아이에게는 기분 좋게 느껴진다. 여기서 우리는 삶에 의미(sens)('감각(sensation)'이라는 뜻에서)를 부여하는 것이 무엇인지 다시 생각하게 된다.

아이가 이 모두를 조직하고, 상황의 통제자가 된다. 그리고 어른 놀이를 하면서(의사, 아빠, 엄마 등의 역할을 맡아서) 나중에 다른 형태로 체험하게 될 상황들을 습득한다. 이처럼 놀이의 형태를 통한 체험은 유익하다. 나중에 보다 안정되게 상황을 직시할 수 있을 테니까.

그러니 아이가 놀이를 하도록 하자! 놀이가 미치는 영향은 참으로 다양하고도 건전하므로 이런 유형의 쾌락의 지표는 한껏 부추길 수밖에 없다. 아주 단순한 놀이(공놀이, 술래잡기, 뒤쫓아 잡기)를 비롯해 집짓기나 분장 놀이에서 실내 게임에 이르기까지 여러 가지가 있다. 다른 사람들(형제, 자매, 친구)과 함께한다면 효과는 더욱 긍정적이다. 아이에게 이런 기회가 주어지지 않는다면 이따금 아이를 위해 시간을 할애토록 노력하라. 아무리 좋은 장난감이라도 결코 놀이의 상대가 되어 줄 수는 없을 테니 말이다.

그러면 스포츠는 어떤가? 물론 스포츠도 좋은 놀이가 될 수 있다. 유능한 누군가로부터 가르침을 받는다는 전제하에서 말이다. 즉 생리학적·심리적 차원에서 아이에게 해가 되는 모든 것을 철저히 배제하며 온전한 놀이의 차원을 보존할 줄 아는 사람이어야 한다. 오늘날 6세 미만의 아동에게 스포츠를 지도할 수 있는 유능한 교사를 찾기는 쉽지 않다. 이 분야에서의 선택은 아주 신중해야 한다. 우리로선 산책 혹은 휴가나 다른 여가 시간 때 가족과 함께 갖는 신체 활동을 권장하고 싶다. 열악한 조건에서 너무 조기에 실시된 스포츠 교육은 부정적인 영향을 미칠 수도 있다. 아이가 놀이에 쏟을 수도 있었을 시간을 할애해야 되기 때문이다. 그렇게 해서 나중에 스포츠에 대한 열의를 떨어뜨리고, 건강에도 해를 미칠 수 있다. 그러므로 아이의 조

건에 계속 주의를 기울이면서, 6세 이후에 이 질문을 제기하는 것이 좋다.

6세까지 아이는 외부로부터 전달되는 여러 지표를 끊임없이 필요로 하면서, 동시에 그 중 일부를 내면화한다. 이 지표들은 아이의 것이 되어 아이의 형성을 도우며, 아이가 삶에 의미를 부여할 수 있도록 한다. 이 지표들은 아이에게 진정한 정신적 골조가 되어 준다. 이 골조는 무거운 구속물이 아니며, 오히려 정반대이다. 그것은 아이에게 자유와 독립심을 심어 주는 동시에 안심이 되는 튼튼한 가치들과 연결되게끔 한다.

생후 수년 동안의 지표들에 대한 요약

- (좋은 조건에서) 생후 2,3년이 지나면 아이는 새로운 상황들에 대처하며 새로운 지표들(특히 학교)에 적응할 수 있는 능력을 이미 갖게 되지만, 그래도 안전을 위한 지표들이 지배적인 것으로 남는다. 아무튼 우리는 이별과 변화의 국면들에 주의를 기울여야 한다.(126쪽 이하 참조)

- 아이는 정체성을 위한 최초의 지표들을 내면화하여 타인들과의 관계에서 자신을 보게 된다. '싫어'와 '나'라는 말의 사용이 그 사실을 의미한다.(134쪽 이하 참조)

- 소속의 지표들은 주로 가족 집단과 관련을 갖는다. 아이는 가족에 대한 소속감을 느끼며, 거기서 진정한 자리를 찾는다. 그는 종도, 독재자도 아니며, 다른 가족들과 똑같은 주체이다. 이때 교육적 원칙들은 아이가 우선 가정 내에서, 그리고 사회에서, 게임의 규칙들을 이해하게끔 도와 준다.(137쪽 이하 참조) 우리는 또한 아이가 신앙과 이상을 나누어 갖도록 노력할 수 있다. 이것들을 맹목적으로 신봉하지 않도록, 또 타인과 타인의 생각을 존중하도록 신경쓰면서 말이다.(140쪽 이하 참조)

- 어머니-아이의 관계 외부에서 쾌락의 지표들이 찾아진다. 놀이와 발견, 그리고 주로 다른 친구들을 통해 쾌락이 주어진다.(143쪽 이하 참조)

5

'철드는' 나이에서 청소년기까지

오늘날엔 거의 사용되지 않지만 얼마 전까지만 해도 '철드는' 나이라는 말을 종종 듣곤 하였다. 이 나이는 대략 생후 7년째에 해당한다. 정신분석학에 따르면 '철드는' 나이와 함께 잠재기가 시작되는데, 이 시기는 약 12세까지 이어진다.

우리는 날마다 이 나이의 아이들을 만나며 관찰하는데, 거기서 몇 가지 확인을 하게 되었다. 6세(몇 개월의 시차는 있지만)가 되면 남자아이나 여자아이는 자신의 성적 정체성을 예민하게 감지하기 시작하는 듯싶다. 이것은 진정한 심리적 변화이다. 이 변화는 부분적으로만 의식되지만, 그래도 아이에겐 너무도 새로운 감정이라 이 감정이 새로운 행동 양식을 초래할 것임을 예상할 수 있다.

아이는 자신이 남자인지 여자인지 안다. 거기에는 지적 인식도 있지만(아이는 그 사실을 말하고 정의 내릴 수 있게 된다), 또한 무의식적인 온갖 차원이 작용한다. 이 시기 이전에 아이는 자신을 그저 아이로 느끼지만…… 이 순간에 이르면 자신이 남자인지 여자인지 알게 된다. 이렇게 말하면 좀 도식적인 설명일 수 있겠지만 말이다. 아이에겐 위상의 놀라운 변화가 아닐 수 없으며, 또한 불안을 유발하는

새로운 상황이기도 하다. 다시 한 번 말하지만, 이것은 수백 명의 아이들을 일상적으로 관찰하고 그들의 말에 귀기울임으로써 확인케 된 바이다. 어떤 임상의도 진료실에서 할 수 없는 관찰로서, 레크리에이션 시간에 포착할 수 있는 것들이 있다. 예를 들면 남자아이들은 남자아이들끼리, 여자아이들은 여자아이들끼리 논다는 사실. 그들이 놀이를 같이하는 경우는 드물다. 이 나이 아이들이 말하는 걸 들으면 남자아이들에겐 남자 친구만, 여자아이들에겐 여자 친구만 있음을 알 수 있다. 아이들은 자신의 성적 정체성을 인식함으로써 동성 아이들과의 접촉에서만 안심하는 것 같다. 어찌 보면 아이는 특정한 접촉을 통해 남자 혹은 여자아이로서 자신의 역할을 '배워 나간다.' '남자아이'의 놀이와 '여자아이'의 놀이가 있는 것이다.

그런데 11세 말경에 이르면 아이들은 서툴게나마 서로 다른 성의 친구를 찾기 시작하는데, 이는 흥미로운 발견이다. 성적 정체성이 일단 확립되고 타인들과의 접촉을 통해 강화된 순간, 남자아이들과 여자아이들은 다시 만나게 된다. 성적 정체성이 제대로 확립되지 못했을 경우에는 서로를 피하지만, 제대로 확립되었을 때에는 서로를 찾는다. 양성의 차원에서 일어나는 일들이 또한 보다 일반적인 인간 관계에서도 일어난다.(150쪽의 박스 내용 참조)

11세가 되면 남자아이들과 여자아이들은 요란스럽게 놀고 쫓아다니며 괴롭히면서 서로를 찾기 시작한다. 너무도 놀라운 이 타자와 어떻게 접촉에 이를 수 있을지, 그들은 아직 알지 못하지만…… 그래도 첫 시도를 한다. 그들이 성적 정체성을 더욱 확립하고, 이 타자와의 보다 나은 접촉을 이루려면 아직 여러 해가 걸리겠지만 말이다.

소속의 지표들에 주어지는 우선권

잠재기는 소속의 지표들이 특별히 중요성을 띠는 시기임을 우리는 알 수 있다. 아이들은 얼마 전부터 예민하게 인식하기 시작한 자신의 정체성을 확실히 하기 위해 동성의 친구들을 찾는다. 같은 취미를 갖고 같은 놀이와 같은 활동을 하는 친구들을 찾는 것이다. 이런 찾음과 그 동기는 무의식적이다.

이 연령의 아이에게서 나타나는 이같은 특성에 부모는 주의를 기울여야 한다. 아이가 동성의 친구들을 만나고 사귀기를 필요로 한다는 사실을 존중해 주어야 한다.

물론 아이는 반대편 성에 맞서서가 아니라 상대를 존중하며 자신을 구축해 나가야 한다. 흥미로운 점은, 잠재기에 이르러 진정한 남-녀 관계가 탄생한다는 사실이다. 이때 (아이 편에서 요구하는 경우가 아니라면!) 남자아이에게 인형을, 여자아이에게 자동차를 주는 고의적인 오류를 범해서는 안 된다. 남녀 관계의 이미지, 특히 인간 사회에서 각자가 점한 위치를 아이는 부모의 말과 행동을 통해 구축해 나간다. 그러나 이 문제는 몹시 복잡하여——그리고 흥미로워서——이 주제 하나만으로도 책 한 권을 넉넉히 쓸 수 있을 것이다.

우리가 말하고 싶은 것은, 성적 평등을 핑계로 서로 다른 성의 아이들에게 같은 놀이와 활동을 시키는 어리석음을 범하지는 말라는 것이다. 문제는 다른 데 있어 이런 잘못은 그릇된 해석을 반영할 따름이다. 여하한 경우에도 남자아이와 여자아이에게서 반대편 성에 맞

서는 '남성 우월주의'나 '페미니스트'의 이미지를 끌어내지 않도록
조심해야 한다.

**모든 면에서의 평등이라는 허상에서 벗어나 타인에 대한 존중심을
강화해야 한다.** 전자가 실현 불가능한 환상이라면, 후자는 더 어렵긴
해도 보다 현실적이고 진실된 일상적인 행동 방식이다. 물론 인류의

타인에 대한 개방

청소년은 다소 자기 중심적일 수 있는데, 그건 온전히 자아의 탐
구에 몰두해 있기 때문이다. 자아가 확립되고 스스로에게 만족을 느
낄 때에만 우리는 타인을 향해 개방될 수 있다.

일상 생활에서 수없이 많은 예를 마주친다. 만일 내게 어떤 근심
이나 큰 걱정거리가 있다면 그것들에 온통 마음을 빼앗기고 말 것이
다. 그것들이 내 모든 주의력과 에너지를 앗아 가 타인들에게 내 자
신을 열지 못하도록 방해할 것이다.

자아가 확립되어 있음에도 불구하고 이런 종류의 어려움에 직면
할 수 있다고 반박할지 모른다. 전적으로 일리 있는 말이다. 이 경우
는 반응성 자성(自省)에 해당되는데, 그건 흔히 볼 수 있는 아주 정
상적인 현상이다. 반대로 우리가 사례를 통해 말하고자 하는 것은,
끊임없이 자기 자신을 찾는 사람에게서 볼 수 있는 현상이다. 이렇
게 자신을 찾아 헤매느라 타인들에게 문을 열 수 없다는 것.

실제로 자기 확신이 있다고 해서 타인들에게 개방될 수 있는 것은
아니다. 우리는 타인들에 맞서서도…… 온전한 자기 확신을 가질 수
있기 때문이다. 과대망상적 편집광에게서 그 가장 현저한 양상을 목

격할 수 있다. 과대망상증 환자는 타인들과 기존 사회에 맞서 구축된 강한 자아를 갖고 있다. 때문에 그는 끊임없이 타인과 사회를 불신하는 편집광이기도 하다.

여기서도 우리는 몰리에르와 그가 묘사한 인간혐오자(그 역시 편집광에 지나지 않는)를 떠올릴 수 있다.

타인들에 대한 개방은 자기 확신 외에도 개인적인 행복과 강한 내면의 안정을 필요로 한다. 이처럼 확실하고 내면화된 안정이 없다면 타인들을 이용하고 마음대로 할 수 있는 위험이 크다. 그들에게 기대어…… 때로는 그들을 해치며 이 안정을 획득하기 위하여.

언제나 자기 생각만 옳다고 믿는 사람들을 우리는 흔히 마주치지 않는가? 자신만이 진실의 보유자라고 믿는 사람들을. 이런 태도를 견지하며 이 사람들은 수많은 불확실성과 결핍에 직면해 자신의 불안을 다스리고자 한다. 절대로 단념하고 싶지 않은 진실들을 붙들고 그들은 안심한다.

거기서 멈춘다면 주위 사람들에게 그다지 피해를 주지 않을 것이다. 그러나 한걸음 더 나아가, 자신의 행동 방침과 꼭 맞아떨어지지 않는 사람들의 말과 생각과 행동을 무조건 비방하게 될 때에는 피해를 줄 수도 있다. 이 경우 그는 타인들에게 개방되어 있지 않을 뿐 아니라, 그가 어떤 집단에 속해 있다면 이 집단의 조화와 효율성을 완전히 깨뜨릴 수도 있다.

결국 내적 안정의 부재로부터 개인 자신이나 주변 사람들에게 피해가 가는 방어 체계가 유발된다.

이런 안정을 누리는 사람만이 타인에게 귀기울이고 도움을 줄 수 있다. 그의 든든한 존재 자체가 이미 더없이 큰 도움으로 작용할 수 있는 것이다.

운명이 개선되도록 노력해야겠지만, 그러기 위한 최상의 방법은 무엇보다 개성의 존중에 있다.

감정을 말로 표현하기

7세에서 11, 12세에 이르기까지 안전을 위한 아이의 지표들이 대부분 내면화된다. 앞서 설명했듯이 그것들이 생후 몇 년 동안 정착되었다면 아이는 보다 안정된 상태에서 세상을 발견할 수 있게 된다. 아이는 호기심을 최대한 발전시켜 나가고, 학교를 포함해 주변에서 일어나는 일들에 흥미를 갖게 된다.

물론 아이는 변함없이 부모를 필요로 하지만 강도는 훨씬 덜해진다. 그때까지 쌓아 온 경험으로 그는 자신과 타인들에 대한 신뢰감을 얻은 것이다. 이런 안정된 분위기를 조성하는 데 전처럼 많은 에너지를 쏟을 필요도 없어진다. 그러나 아이가 이 경험들을 내면화시키지 못했을 경우에는 심리치료사의 도움을 받아 잘못을 바로잡는 노력에 나서야 한다.

반대로 이 시기는 소속의 지표들을 정착시키기 위해 더없이 좋은 시기이다. 특별히 조국의 역사나 지리·시민 교육과 관련된 지표들을. 여기서 부모는 현학자가 되어서는 안 된다. 그보다는 아이가 가족사와 국가의 역사를 이해할 수 있도록 바탕을 마련해 주어야 한다. 엄마·아빠 혹은 할아버지·할머니와 함께 그것을 발견해 나가며 아이는 즐거워할 것이다. 아이는 개인사에 열렬한 관심을 보일 것이며, 누

한 마리 티티새가 의미를 갖게 될 때

한 가지 간단한 예를 들기로 하자. 내게 티티새의 삶과 습성에 대해 설명해 준 아빠 혹은 할아버지가 있었다면, 나는 티티새를 볼 때마다 어떤 의미를 부여하게 될 것이다. 티티새의 행동, 티티새가 있는 장소, 이 모두가 내겐 의미 있는 무엇으로 비친다. "아, 지금 새는 둥지를 준비하고 있구나. 부리가 노랗네? 저건 수컷이다"라고, 내 자신에게 말할 수 있을 것이다. 이 사실을 중심으로 상상의 세계를 채우고, 호기심을 늘려 갈 것이다. 텔레비전 안테나 위에서 티티새가 노래하는 모습을 볼 것이다. 그렇게 목소리로 흔적을 남겨 자신의 영역을 표시하는 것임을 알게 될 것이다.

그러나 내게 그런 아빠 혹은 할아버지가 없었다면 결과는 어떨까? 간단히 말해, 나는 그저 한 마리 새를 볼 따름이다. 그게 전부다. 아마 나는 그게 무슨 새인지조차 모를 것이다. 이 새와의 '만남'은 거기서 그칠 테며, 그 이상의 의미는 없을 것이다.

도회지 사람이 시골에서 지루해한다면, 그건 시골에서 어떤 의미도 감동도 발견하지 못하기 때문이다. 그의 눈에 들어오는 건 그저 풀·나무·곤충, 그리고 이런저런 동물들……뿐이다. 그러나 시골 생활에 대해 알 기회가 있었던 사람은, 앞에 놓인 밭은 7월에 수확이 이루어지는 보리밭이라는 것(비전문가에게는 그저 밭으로 보이지만)과, 파종 시기는 어느 때인지를 안다. 또 이 나무는 아카시아이고 저 나무는 너도밤나무라는 것도 알고, 보다 풍부한 경험이 있다면 이 식물들에 대해 더 많은 것을 알 수도 있다. 흰 날개에 검은 점이 박힌 이 나비는 배추흰나비인데 수명은 겨우 며칠에 지나지 않는다는

사실도 안다.

각각의 사물과 존재는 의미를 담고 있다. 이 의미는 호기심이 충만한 나이에 말을 통해, 혹은 열정을 공유함으로써 전달된다.

이 호기심은 생의 첫 시기부터 존재하지만, 나이가 들면서 우리는 탐구의 영역을 넓혀 갈 수 있다.

대부분의 어린 시절 이야기들은 주로 삶의 이 시기를 중심으로 이루어진다는 사실을 알 수 있다. 그 전에 아무 일도 일어나지 않았다는 말이 아니다. 다만 이 시기부터 언어가 가능해지고, 분석 능력이 생겨남으로써 감정을 말로 표현할 수 있게 되는 것이다.

역동적이고 활기차게 호기심을 키워 간 사람은 미래의 삶에서도 늘 관심거리들을 갖게 될 것이다.

가 누구며 무엇을 했고 또 무엇을 하는지 알며 만족해할 것이다. 아이에게 부모 자신의 어린 시절 이야기를 들려 줄 수도 있다. 할아버지·할머니 역시 그럴 수 있다. 이 모두는 어떤 실마리나 뿌리가 되어 움직임과 일화로 가득 찬 삶에 아이가 가닿을 수 있도록 해줄 것이다.

부모가 그렇게 할 수 있고, 할아버지·할머니가 그 일을 맡을 수도 있다. 할아버지가 손자를 정원으로 데리고 나가 채소밭의 비밀을 발견케 한다면, 할아버지는 으뜸가는 교육자의 역할을 수행한 셈이다. 또 할머니가 손녀에게 자신이 그 나이 땐 어땠는지 이야기해 준다면 손녀에게 큰 도움이 될 것이다.

아마도 이 시기에 우리는 아이에게 삶에 의미를 주는 대부분의 요인들을 전달할 수 있게 된다. 사람, 동물, 사물, 사건…… 이 모두를

의미로 치장함으로써 그것들은 생명을 부여받고 살아 있는 것이 된다. 여기서 우리는 잠재기의 아이에게 전달해야 할 필요가 있는 것들을 강조할 수밖에 없다. 아이의 관심거리를 다양화시킴으로써 미래의 삶이 성공적이기 위한 최상의 조건들을 마련해 주는 셈이기 때문이다.

절대적 필요성: 관심거리들을 다양화시키기

우리가 본서 앞부분에서 시도했던 분석을 더듬어 보자. 향후 10년, 15년, 혹은 20년 뒤에는 직장 생활에 바쳐지는 시간이 줄어들 것이다. 원하든 원치 않든, 우리 아이들 대부분의 경우가 그럴 것이다. 즉 '자유로운' 시간이 더 많아진다는 말이다. 하지만 그들이 권태에 갇힌다면 정말로 '자유롭다' 고는 할 수 없을 것이다. 그들의 관심을 끄는, 의미와 기쁨이 가득한 활동들로 삶이 풍요로워질 때에야 비로소 그들은 '자유로울' 것이다.

이런 관심의 다양한 원천들이 자리잡을 수 있도록 일찍부터 생각해야 한다.[1] 쾌락과 만족을 주는 다양한 활동들에 익숙해 있지도, 흥미를 느끼지도 못한 채 어른의 삶으로 진입한 사람은 초라해질 수밖에 없다. 직장 생활 이외의 다른 영역에 혼자 몰두하기가 매우 어려울 것이기 때문이다.

---

1) 일부 학교에서 실시되는 아동을 위한 시간 분배는 긍정적인 방향으로 나아가고 있다.

이것은 퇴직자들에게서 우리가 실제로 관찰할 수 있는 현상이기도 하다. 가장 성공적인 퇴직 생활을 즐기는 사람들은 퇴직 이전에 직장 외의 활동에 열정을 쏟고 쾌락을 맛보았던 사람들이다. 그래서 직장 생활이 끝나고 나서도 이 활동을 계속하고, 나아가 확대시킬 수 있었던 사람들이다. 반대로 직장 생활밖에 없었던 사람들은 자신의 새로운 위상에 적응하기가 몹시 어려워진다.

이처럼 구체적인 경우 전자가 이 경로를 어려움 없이, 나아가 더 큰 행복감을 느끼며 통과해 갈 수 있었던 것은 그들에게 교대 지표, 과도 지표가 있었기 때문이다. 반대로 후자는 직장 생활이라는 지표밖에 없었으므로 이 경로가 어렵고, 심지어 매우 고통스럽기까지 하다.

그러므로 우리 아이들에게 이런 미래를 준비해 주어야 하며, 그들에게 쾌락을 주고 삶에 의미를 부여할 이 다른 지표들이 자리잡도록 함이 중요하다.

아이의 삶의 첫 몇 년 동안은 이같은 감수성을 기르기에 좋은 시기이다. 6세까지가 '놀이의 황금기'라면, **잠재기는 스포츠와 음악에 대한 감수성을 기르는 한편, 동식물과 자연·건축물·역사 등에 대한 관심을 갖기에 좋은 시기이다.**

이 영역에서 부모나 조부모가 가장 좋은 안내자가 될 수 있겠지만, 제삼자의 도움을 받을 수도 있다.

기본 원칙은 쾌락과 만족·기쁨을 나누어 갖도록 하는 것이다. 그리고 부모 자신이 그걸 해낼 수 있다면 더 이상 바랄 것이 없다. 부모가 그럴 수 없을 경우에는 교육자나 열정적이고 유능한 교사들에게 이 일을 맡길 수도 있다. 쾌락이야말로 아이에게 행동 유발의 중요한

시동 장치가 되어 준다. 쾌락이 없다면 만사가 강요와 망설임 속에서 이루어질 테며, 충동과 동기를 향해 나아가기보다는 혐오로 기울어질 것이다.

누군가에게 안내자의 역할을 맡긴다 해도 부모 역시 간접적으로나마 적극적인 참여를 해야 한다. 때때로 운동 경기에도 참여하고, 아이의 발전에 관심을 가져야 한다. 요컨대 어떤 유형의 활동이든 아이의 활동에 관심을 갖도록 한다. 우리는 그 활동에 문외한인가? 그렇다면 아이에게 그 자신이 아는 바를 가르쳐 달라고 하자.

그렇다고 너무 많은 활동과 관심거리에 사로잡히지는 않도록 하자. 지나침은 피상성을 유발할 수 있으니까. 알다시피 지나침은 완전한 부재만큼이나 해를 끼칠 수 있다. 지나치게 많은 건 지나치게 적은 것만큼이나 해로울 수 있다.

그런데 문화적 관심만큼이나 정서적 관심도 중요하다는 사실을 잊어서는 안 된다. 앞서 강조한 가족사가 후자에 속한다.

이처럼 조기에 관심을 다양화하는 것은 오늘날 교육의 새롭고도 핵심적인 요소이다. 직장 생활이 주요 지표의 위상을 잃고 있고, 또 잃게 될 것이기 때문이다. 직장 생활 역시 중요한 지표이며 또 앞으로도 그럴 테지만, 그러나 이제부터는 다른 지표들도 인정하고, 인정해 주어야 한다. 특별히 정서적 지표들, 문화적 지표들, 쾌락의 지표들을. 그것은 감수성의 배양과 실천은 물론 담론을 통해서도 이루어진다. 이제라도 우리 아이들이 다음의 사실을 이해함이 중요하다. 즉 일을 갖는 것은 좋지만, 그밖에 회화·조각·음악·동물에 관심을 갖는 것도 근사한 일이며, 매우 중요하다는 것을. 그런 식으로 다른 인간

들에게 관심을 갖는 것도 똑같이 중요하다는 사실을. 이런저런 좋은 지표들이 있는 게 아니다. 어떤 지표라도 그것이 개인을 형성하고 안전케 하고 삶에 의미를 준다면, 또 타인들을 존중한다면 긍정적인 지표이다. 이런 종류의 지표는 개인이 사회 생활의 주역이 되도록 격려하고 삶의 충동·만족·쾌락을 주는 한편, 그의 발전에도 기여한다.

사춘기, 청소년기

이 시기는 인간 발달에 있어 몹시 중요한 시기인데도, 정신분석학에서 이 시기를 무시해 버렸거나 조금밖에 관심을 기울이지 않은 건 이상한 일이다. 청소년기는 모든 지표를 문제삼게 되는 시기이다. 신체에 변형이 오고 지적 능력이 꾸준히 발전하며, 또 타인들과의 관계도 변하므로 청소년은 힘든 시기를 보낸다.

모두에게 힘든 시기이다. 우선 청소년인 당사자가 그렇고, 부모도 마찬가지이다.

부모에 대해 먼저 말해 보자. 그들은 어린 아들 혹은 딸에 대해 아주 잘 알고 있었거나, 잘 안다고 생각했었다. 그런데 이 아들 혹은 딸이 변하고 있다. 이제 이들은 젊은 청년 혹은 처녀가 되어 그들 앞에서 요구를 하거나, 자기 주장을 펴고 타인들에 맞서기도 한다. 요컨대 부모가 아주 잘 안다고 믿었던 예전의 아들 혹은 딸이 아니다. 그런데 부모를 더욱 당황케 만드는 사실은, 독립을 강력히 요구해 오는 이들이 때론 다시 어린아이로 돌아온다는 것이다. 이들은 포옹을 필

요로 하며, 자신의 심중을 털어놓거나 무언가를 요구한다. 어김없이 다시 의존적인 자세로 돌아오는 것이다. 이런 퇴보적 자세는 불안 앞에서 자신을 방어하기 위한 결과이다. 움직이는 것, 빠른 속도로 달라져 가는 것 앞에서 우리는 때때로 예전의 안전 지대로 되돌아가고 싶어지는 것이다. 아무튼 청소년은 부모를 당혹케 한다. 이 사실을 최대한 예상하고 있던 부모들마저. 이 시기를 특징짓는 양면성은 다소 예측 불허의 성격을 띠기 때문이다. 변화는 당사자들은 물론 부모역시 불안에 빠뜨린다.

청소년은 어른의 지표들에 도달하기 위해 어린아이의 지표들을 버린다. 그건 아주 좋은 일이다. 이 단계를 통과했을 때 그는 다른 사람들과 구별되는 독창적인 인물이 되어 있을 것이기 때문이다. 이런 구별이야말로 인류 발전의 요인이다.

청소년기의 지표들

실제로 발달 과정에서 아주 특별한 이 단계는 몇 가지 자각으로 특징지어진다. 즉 날마다 변화해 가는 자아가 있으며, 가족이 있고, 우리를 둘러싼 세계가 있다는 것.

이 변화(외관, 생리, 타인과의 관계……)는 너무도 놀랍고 갑작스런 것이어서 불안을 안겨다 준다. 청소년은 자신이 통제하던 몸을 떠나 궁극적인 목적을 잘 알 수 없는 다른 몸을 갖게 된다. 그리고 주변 환경과의 관계를 떠나 어디로 가닿는지 잘 모르는 다른 환경으로 나아

간다.

이 불가사의한 불안에 직면해 안정을 찾기 위해 그는 가족 외부의 지표들을 구하게 된다. 자신과 비슷한 친구들에게서, 혹은 가수나 영화배우·운동선수, 아니면 특별히 존경하는 스승에게서 지표를 찾는다.(영화 〈죽은 시인의 사회〉 참조) 그가 필요로 하는 경청과 온정을 가족에게서 발견할 수 없을 경우 이 추구는 더욱 강렬해진다.

청소년기는 하나의 과정인데, 이 과정은 보통 타인들(단짝 혹은 단짝 친구들)과 함께 이루어진다. 그들과 불안을 공유하며, 자신이 혼자라는 느낌을 덜 갖게 된다. 가족 집단 외부에서 소속과 안전의 지표들을 찾게 되는 것이다. 또한 외부의 모델들을 통해 정체성을 위한 지표들을 찾는다. 예전에 가족이 주었던 이 지표들을 청소년은 이제 외부에서 구한다.

부모가 겪는 가장 큰 어려움은 이 사실을 인정하는 데 있다. 아이에게 자신이 더 이상 중대한 기준점이 될 수 없다는 사실을 받아들이는 것이기도 하다. 자신의 위상이 달라졌다는 사실을 부모는 받아들이기 어렵지만 말이다. 여전히 자신의 아들 혹은 딸과 관계하지만, 이들이 더 이상 자신의 아이가 아니라는 사실을.

그렇다면 아이의 교제는? 그건 부모가 안심해도 좋다. 아이가 가정에서 설 자리가 없을 경우에만 이 교제는 불건전한 것이 될 수 있다. 아이가 개성을 완전히 억압당해 왔거나 발언권을 갖지 못했을 경우 …… 또 마땅히 주어져야 하는 자리를 찾지 못했을 경우에 이 교제는 부정적이 될 수 있다.

아이가 옷을 입는 방식은 어떤가? 그것은 아이가 필요로 하는 소속

의 지표들의 일부이다. 이 방식은 우리의 기호와(때론 우리가 선호하는 색깔과도) 일치하지 않는다. 아무려면 어떤가? 그건 중요한 문제가 아니다. 각 시대마다 청소년에겐 고유의 의상이 있는데, 과거에 그랬듯이 앞으로도 그럴 것이다. 우리는 이제 이해하게 된 것이다. 즉 청소년들은 아이의 세계와 어른의 세계 모두를 잠시 '거부하며' 자신들만의 세계 속에서 구별되고 싶어한다는 것을.

아이가 맞설 때는 어떻게 할까? 아이는 적극적으로 대들 수도, 아니면 수동적인 태도를 취할 수도 있다. 전자는 맹렬성을 띠지만, 후자는 공상을 하거나 '딴전을 부리는' 듯한 인상을 준다. 그건 자신을 구분짓기 위한 자기 나름대로의 방식이다. 이 순간 문제가 되는 것은 근본적으로 당신이 아니라 당신이 상징하는 어른의 세계이다. 청소년은 불안한 상태에 놓이므로 완벽하려는 경향이 있다. 그래서 타협이나 임시변통을 인정치 않으려고 한다. 그가 품은 이상에 따라 불안도 커진다. 자신이 사는 세상에서 완전한 편안함을 느끼지 못하기에 당연히 이 세상을 바꾸고 싶어한다.

그러나 이것을 거만하게 혹은 신랄하게 받아들이는 것은 잘못이다. 아이는 행동과 제스처를 통해 진정한 걱정거리들과 의문점들을 표현하고 있기 때문이다. 그는 누군가 그의 말을 듣고 귀기울이고 존중해 줄 것을 필요로 한다.

그렇다고 '친구처럼 대하는 것' 도 잘못이다. 아이가 당신에게 기대하는 것은 친구가 아니다. 아이는 외부에서 남자 혹은 여자 친구들을 찾을 것이다. 반면 당신에게 기대하는 것은 부모가 줄 수 있는 모든 안전과 신뢰감이다. 아이는 늘 당신에게 기대고 의지할 수 있기를 바

란다. 남자 혹은 여자 친구는 모험과 다른 세계를 의미한다. 그러나 아무리 모험을 즐기는 자라 해도 짐가방을 내려둘 곳을 필요로 하는 법이다.

중요한 것은 아이를 존중하고, 대화를 유지하며, 곁에 있어 주는 것이다. 그렇다고 모든 요구를 들어 주고 허락하라는 말이 아니다. 다만 청소년이 누리는 자유의 공간이 예전보다 훨씬 넓어졌다는 사실을 알아야 한다. 그러나 무턱대고 허락하거나 금지한다면 아이가 이미 느끼는 불안이 가중될 수도 있다.

어제와 오늘, 청소년기의 '위기'

오늘날에는 청소년기의 '위기'가 예전만큼 눈에 띄게 표출되지 않는 듯싶다. 아동의 위상이 달라졌기 때문에 이런 '위기'도 그렇게 심각하게 와닿지는 않는다. 이제 아동이 주체로 인식되는 만큼(더 이상 객체가 아니라) 자신의 요구 사항들을 예전처럼 격렬히 표현하지는 않게 되었다. 어른의 위상에 도달하기 위해 과거에는 때로 난폭하게 '사슬을 끊어야' 했지만. 이 사슬이 여전히 같은 모습으로 존재한다면, 그건 아마도 아이가 충분히 안정감을 얻지도 개인화되지도 못했기 때문이며, 허락보다는 금지 사항들에 종속되어 있었기 때문일 것이다. 아무튼 청소년의 '위기'가 예전만큼 두드러지지는 않는다 해도 여전히 존재하는 게 사실이다. 그건 다행스러운 일이다. 이 위기는 발달 과정에서 필요한 정상적인 국면이니까. 모든 국면에서 그렇

듯이 이 위기도 아이가 전체적으로 조화로운 발전 단계들을 거쳤다면 별 문제 없이 해결될 것이다.

청소년기의 특징은 이 젊은이들이 외부에서 여러 지표를 구하고, 그 중 일부를 자신의 것으로 삼는다는 것이다. 이 지표들이 참된 것이어서 그가 필요로 하는 안전을 가져다 주고 강한 정체성을 부여했다면, 또 건전한 방식으로 그를 가족사 안으로 들어오게 하고 수많은 만족과 쾌락의 원천을 제공했다면, 청소년은 이 새로운 단계에 맞설 준비가 된 것이다. 사실 이 단계는 어렵다. 발달과 진보의 모든 단계가 어렵듯이 말이다.

그렇다면 지금은?

우리가 본서에서 줄곧 제시한 것이 있다. 즉 세상은 변했으며, 변하고 있다는 사실. 수십 년 혹은 수백 년 동안 세상의 지표들로 자처했던 것들이 의문시되었거나 되고 있다. 가정, 교육, 일, 신념, 이상…… 이 모두가 어느 정도 의문에 부쳐지고 있다.

수 세기 동안 이 지표들은 개인을 형성하고 삶에 의미를 부여한 경표 혹은 푯말이었다. 이 지표들은 단 한번도 의문시되지 않았던 만큼 막강한 힘을 행사했다. 그것들 모두가 각각의 영역에서 견실하게 자리잡은 진리를 내포하고 있었다.

그러나 사회 발전, 개인의 문화 수준의 향상, 정보 · 통신망을 통한 세계에 대한 개방으로 말미암아 이 기존 진리들이 큰 타격을 입게 되었다. 변함없이 늘 진리로 통했던 것이 갑자기 그 위력을 조금 혹은 완전히 상실하게 되었다.

그렇다고 한탄해서는 안 된다. 진리였던 이 지표들은 그들 시대에 존재 이유를 갖고 있었으며, 당시의 사회 문화적 맥락 속에서 필요충분한 것들이었다. 그러나 오늘날엔 더 이상 그렇지 않다. (그 이유를 밝히는 데는 그 자체만으로도 아주 긴 설명이 요구될 것이다.)

어느 면에서 그것들은 지나치게 단순하고 인위적이며 피상적이었다는 사실을 알아야 한다. 사람들은 기계적인 방식으로 교육하고 신앙을 주입시켰다. 예를 들면 아이들은 이런저런 것을 해서는 안 되었는데, 이유는 '그냥 그러니까⋯⋯'였다. 그리고 흔히 아이들에게는 '발언권'이 없었다. 아이들은 의무만 졌지, 권리는 없었다. 그들은 복종하든지 반항하든지 했지만 진정한 독립, 진정한 정체성, 진정한 어른의 위상(심리학적 의미에서, 즉 자기 주장을 갖고 다른 사람을 존중하지만 그를 기준으로 삼거나 결정을 맡기는 일이 없는⋯⋯)에 도달하는 데는 종종 엄청난 장애물이 있었다.

하고 싶은 말은, 우리가 사는 세계가 성인이 되어가고 있다는 사실이다. 마침내! 우리가 신앙을 가졌다면, 그건 더 이상 누군가 그렇게 말하고 썼기 때문이 아니라 우리 자신이 그것을 숙고하고 이해했기 때문이다. 이 믿음의 바탕이 되는 원칙들이 우리와 다른 사람들을 위해 도움이 된다는 분석에 이르렀기 때문이다. 그것들이 어느 면에서 우리를 더 좋은 사람이 되도록 하고, 우리 자신 및 타인들과 보다 나은 관계를 맺도록 해준다는 사실을 이해했기 때문이다. 이제 우리가 그렇게 하는 것은 우리 자신이 선택하고 결정했기 때문이지, 누군가로부터 강요를 받아서가 아니다.

이제 우리는 선악의 개념이 상대적 개념이라는 사실을 안다. 사회는 재판관을 필요로 하지만, 우리 인간들은 다른 인류를 이해할 수 있게 되었다. 우리는 관용으로 나아가는데⋯⋯ 그렇기 때문에 일부에서는 퇴행적인 반응을 보이며 대대적인 비관용으로 움츠러들기도 한다.

21세기는 영적인 세기가 되거나, 그렇지 않으면 존재하지 않을 것이라고 한 앙드레 말로의 유명한 말을 우리는 기억한다.[1] 그의 생각이 옳았는지 모른다. 모든 것은 전적으로 우리에게 달렸지만. 세계와 그 지표들이 변하고 있기에 고통과 불안이 생겨난다. 그렇기 때문에 일부에서는 권위주의나 비관용, 혹은 안전하다고 여겨지는 장소로 피신코자 하는 유혹을 느낀다. 앞서도 여러 차례 강조했지만, 문제는 일부 양심 없는 개인이나 그룹이 인간들의 약점을 잘 알고 있다는 사실이다. 그들은 이 사람들에게 미끼를 던져 이데올로기나 비법을 제안한다. 그리고 가짜 안전과 가짜 정체성, 가짜 소속감, 가짜 쾌락을 주는 제품들을 내놓는다. 이때 사람들은 더 이상 자유롭게 선택할 수 있는 온전한 개인이 될 수 없기에 이것들은 가짜이다. 이들은 한 명 혹은 여러 명의 개인이나 신조, 혹은 오직 사적인 힘과 권력에만 관심이 있는 타락한 소집단에 종속된다. 또 항상 그런 건 아니라 해도 대부분의 경우에 불건전한 지표들은 타인들(어떤 종족, 가족 혹은 사회)에 맞서 세워진다. 이렇게 타인들에 맞서 구축되는 것은 증오와 파괴를 양산해 낸다……

세상은 변하고 있으며, 때문에 고통스럽다. 그러나 세상은 성인이 되어가고 있음을 다시 한 번 강조하고 싶다. 세계의 진화라는 측면에서 볼 때, 우리는 청소년기의 위기 한가운데 있다. 지금까지 이야기되고 설파되었던 것이 이제 우리가 듣는 내용과 완전히 일치하지는 않는다는 사실을 우리는 깨닫고 있다.

---

1) 말로가 이 말을 하지 않았을 수도 있다.

　이같은 확인에서 우리는 두 가지 결론을 내릴 수 있다. 첫번째는 종교적·정치적 이상들과 관련된다. 즉 온건한 종교·정치지도자들 (무엇보다 타인을 존중하는) 스스로 자신들에게 주어진 역할을 인식해야 한다는 것. 오직 다수가 이해할 수 있는, 또 상황에 들어맞는 강력한 메시지를 확산시킴으로써만 상처받기 쉬운 수많은 개인들에게 그들은 믿음과 소망의 근거를 다시 줄 수 있을 것이다. 교주가 절대권을 행사하는 종파들이나 과격주의 정당을 규탄해야 한다. 수많은 사람들이 자신의 모습을 보게 될, 희망을 담은, 책임감 있고 신뢰할 만한 참된 메시지의 제시가 몹시 필요하다. 이 말과 담론, 그리고 희망을 담은 메시지에 모범과 정의……를 결합시켜야 한다. 비관용을 비관용으로 응수할 것이 아니라, 또 다른 모델을 제시해야 한다. 온건한 정치·종교지도자들 각자가 이에 대해 신속하고도 차분히 생각해볼 일이다.

　우리의 두번째 결론은 다음과 같다. 즉 지표들이 균형을 잃은 이 세계에 직면해 부모들이 자녀들에게 튼튼한 지표를 주어야 한다는 것. 먼저 부모가 아이에게 전달하는 이 지표들을 아이는 자신의 것으로 삼을 것이다. 아이는 그것들을 취하여 내면화하며, 그것들이 아이의 정신적 뼈대를 이룬다. 그리고 이 지표들로 아이는 무장을 하고, 변화하는 세계에 맞설 수 있을 것이다.

　본서에서 의도한 바도 그것이었다. 즉 부모들에게 반성의 실마리 및 조언을 주어 자녀들이 절대적으로 필요로 하는 지표들을 제공할 수 있도록 한다는 것.

　이 지표들을 우리는 본서에서 광범위하게 발전시켰다. 안전을 위한

지표들, 정체성의 지표들, 소속의 지표들, 쾌락의 지표들로 구분해서. 이 지표들이 아이의 성장 과정 내내 주어질 때, 아이는 침착하고도 단호하게 현재와 미래에 대처할 수 있을 것이다. 세상의 지표들은 변했지만, 몇몇 기본 지표들은 아이에게 필수불가결하며 언제나 그럴 것이다.

아이 앞에 불가피하게 나타나며 나타나게 될 함정들로부터 아이를 지키는 게(그건 불가능하다는 걸 우리는 안다) 관건은 아니라고 본다. 그보다는 아이가 이 함정들을 뛰어넘고 극복할 수 있도록 최대한 조건을 갖추어 주어야 한다. 세계가 바뀌면, 우리의 아이들이 내일의 주인공이 될 것이다. 그들이 그 세계를 직시하고 개선시키도록 도와주어야 할 사람은 우리이다. 우리가 오늘 우리의 세계에서 그렇게 하듯이. 그것이야말로 언제까지나 변치 않을 우리 인간의 야심이기 때문이다.

이창실
이화여자대학교 영어영문학과 졸업
프랑스 스트라스부르대학 응용언어학 과정 이수
이화여자대학교 통번역대학원 한불과 졸업

문예신서
2001

우리 아이들에게 어떤 지표를 주어야 할까?

초판발행 : 2003년 11월 20일

지은이 : 장 뤽 오베르
옮긴이 : 이창실
총편집 : 韓仁淑
펴낸곳 : 東文選

제10-64호, 78. 12. 16 등록
110-300 서울 종로구 관훈동 74
전화 : 737-2795

편집설계 : 朴 月

ISBN 89-8038-929-9 94370
ISBN 89-8038-000-3 (세트)

【東文選 現代新書】

1 21세기를 위한 새로운 엘리트	FORESEEN 연구소 / 김경현	7,000원
2 의지, 의무, 자유 — 주제별 논술	L. 밀러 / 이대희	6,000원
3 사유의 패배	A. 핑켈크로트 / 주태환	7,000원
4 문학이론	J. 컬러 / 이은경·임옥희	7,000원
5 불교란 무엇인가	D. 키언 / 고길환	6,000원
6 유대교란 무엇인가	N. 솔로몬 / 최창모	6,000원
7 20세기 프랑스철학	E. 매슈스 / 김종갑	8,000원
8 강의에 대한 강의	P. 부르디외 / 현택수	6,000원
9 텔레비전에 대하여	P. 부르디외 / 현택수	7,000원
10 고고학이란 무엇인가	P. 반 / 박범수	8,000원
11 우리는 무엇을 아는가	T. 나겔 / 오영미	5,000원
12 에쁘롱 — 니체의 문체들	J. 데리다 / 김다은	7,000원
13 히스테리 사례분석	S. 프로이트 / 태혜숙	7,000원
14 사랑의 지혜	A. 핑켈크로트 / 권유현	6,000원
15 일반미학	R. 카이유와 / 이경자	6,000원
16 본다는 것의 의미	J. 버거 / 박범수	10,000원
17 일본영화사	M. 테시에 / 최은미	7,000원
18 청소년을 위한 철학교실	A. 자카르 / 장혜영	7,000원
19 미술사학 입문	M. 포인턴 / 박범수	8,000원
20 클래식	M. 비어드·J. 헨더슨 / 박범수	6,000원
21 정치란 무엇인가	K. 미노그 / 이정철	6,000원
22 이미지의 폭력	O. 몽젱 / 이은민	8,000원
23 청소년을 위한 경제학교실	J. C. 드루엥 / 조은미	6,000원
24 순진함의 유혹 [메디시스賞 수상작]	P. 브뤼크네르 / 김웅권	9,000원
25 청소년을 위한 이야기 경제학	A. 푸르상 / 이은민	8,000원
26 부르디외 사회학 입문	P. 보네위츠 / 문경자	7,000원
27 돈은 하늘에서 떨어지지 않는다	K. 아른트 / 유영미	6,000원
28 상상력의 세계사	R. 보이아 / 김웅권	9,000원
29 지식을 교환하는 새로운 기술	A. 벵토릴라 外 / 김혜경	6,000원
30 니체 읽기	R. 비어즈워스 / 김웅권	6,000원
31 노동, 교환, 기술 — 주제별 논술	B. 데코사 / 신은영	6,000원
32 미국만들기	R. 로티 / 임옥희	10,000원
33 연극의 이해	A. 쿠프리 / 장혜영	8,000원
34 라틴문학의 이해	J. 가야르 / 김교신	8,000원
35 여성적 가치의 선택	FORESEEN연구소 / 문신원	7,000원
36 동양과 서양 사이	L. 이리가라이 / 이은민	7,000원
37 영화와 문학	R. 리처드슨 / 이형식	8,000원
38 분류하기의 유혹 — 생각하기와 조직하기	G. 비뇨 / 임기대	7,000원
39 사실주의 문학의 이해	G. 라루 / 조성애	8,000원
40 윤리학 — 악에 대한 의식에 관하여	A. 바디우 / 이종영	7,000원
41 흙과 재 [소설]	A. 라히미 / 김주경	6,000원

42 진보의 미래	D. 르쿠르 / 김영선	6,000원
43 중세에 살기	J. 르 고프 外 / 최애리	8,000원
44 쾌락의 횡포·상	J. C. 기유보 / 김웅권	10,000원
45 쾌락의 횡포·하	J. C. 기유보 / 김웅권	10,000원
46 운디네와 지식의 불	B. 데스파냐 / 김웅권	8,000원
47 이성의 한가운데에서 — 이성과 신앙 A. 퀴노 / 최은영		6,000원
48 도덕적 명령	FORESEEN 연구소 / 우강택	6,000원
49 망각의 형태	M. 오제 / 김수경	6,000원
50 느리게 산다는 것의 의미·1	P. 쌍소 / 김주경	7,000원
51 나만의 자유를 찾아서	C. 토마스 / 문신원	6,000원
52 음악적 삶의 의미	M. 존스 / 송인영	근간
53 나의 철학 유언	J. 기통 / 권유현	8,000원
54 타르튀프 / 서민귀족 [희곡]	몰리에르 / 덕성여대극예술비교연구회	8,000원
55 판타지 공장	A. 플라워즈 / 박범수	10,000원
56 홍수·상 [완역판]	J. M. G. 르 클레지오 / 신미경	8,000원
57 홍수·하 [완역판]	J. M. G. 르 클레지오 / 신미경	8,000원
58 일신교 — 성경과 철학자들	E. 오르티그 / 전광호	6,000원
59 프랑스 시의 이해	A. 바이양 / 김다은·이혜지	8,000원
60 종교철학	J. P. 힉 / 김희수	10,000원
61 고요함의 폭력	V. 포레스테 / 박은영	8,000원
62 고대 그리스의 시민	C. 모세 / 김덕희	7,000원
63 미학개론 — 예술철학입문	A. 셰퍼드 / 유호전	10,000원
64 논증 — 담화에서 사고까지	G. 비뇨 / 임기대	6,000원
65 역사 — 성찰된 시간	F. 도스 / 김미겸	7,000원
66 비교문학개요	F. 클로동·K. 아다-보트링 / 김정란	8,000원
67 남성지배	P. 부르디외 / 김용숙 개정판	10,000원
68 호모사피언스에서 인터렉티브인간으로 FORESEEN 연구소 / 공나리		8,000원
69 상투어 — 언어·담론·사회	R. 아모시·A. H. 피에로 / 조성애	9,000원
70 우주론이란 무엇인가	P. 코올즈 / 송형석	근간
71 푸코 읽기	P. 빌루에 / 나길래	8,000원
72 문학논술	J. 파프·D. 로쉬 / 권종분	8,000원
73 한국전통예술개론	沈雨晟	10,000원
74 시학 — 문학 형식 일반론 입문	D. 퐁텐 / 이용주	8,000원
75 진리의 길	A. 보다르 / 김승철·최정아	9,000원
76 동물성 — 인간의 위상에 관하여	D. 르스텔 / 김승철	6,000원
77 랑가쥬 이론 서설	L. 옐름슬레우 / 김용숙·김혜련	10,000원
78 잔혹성의 미학	F. 토넬리 / 박형섭	9,000원
79 문학 텍스트의 정신분석	M. J. 벨맹-노엘 / 심재중·최애영	9,000원
80 무관심의 절정	J. 보드리야르 / 이은민	8,000원
81 영원한 황홀	P. 브뤼크네르 / 김웅권	9,000원
82 노동의 종말에 반하여	D. 슈나페르 / 김교신	6,000원
83 프랑스영화사	J. -P. 장콜라 / 김혜련	8,000원

84 조와(弔蛙)	金教臣 / 노치준・민혜숙	8,000원
85 역사적 관점에서 본 시네마	J. -L. 뢰트라 / 곽노경	8,000원
86 욕망에 대하여	M. 슈벨 / 서민원	8,000원
87 산다는 것의 의미・1—여분의 행복	P. 쌍소 / 김주경	7,000원
88 철학 연습	M. 아롱델-로오 / 최은영	8,000원
89 삶의 기쁨들	D. 노게 / 이은민	6,000원
90 이탈리아영화사	L. 스키파노 / 이주현	8,000원
91 한국문화론	趙興胤	10,000원
92 현대연극미학	M. -A. 샤르보니에 / 홍지화	8,000원
93 느리게 산다는 것의 의미・2	P. 쌍소 / 김주경	7,000원
94 진정한 모럴은 모럴을 비웃는다	A. 에슈고엔 / 김웅권	8,000원
95 한국종교문화론	趙興胤	10,000원
96 근원적 열정	L. 이리가라이 / 박정오	9,000원
97 라캉, 주체 개념의 형성	B. 오질비 / 김 석	9,000원
98 미국식 사회 모델	J. 바이스 / 김종명	7,000원
99 소쉬르와 언어과학	P. 가데 / 김용숙・임정혜	10,000원
100 철학적 기본 개념	R. 페르버 / 조국현	8,000원
101 철학자들의 동물원	A. L. 브라쇼파르 / 문신원	근간
102 글렌 굴드, 피아노 솔로	M. 슈나이더 / 이창실	7,000원
103 문학비평에서의 실험	C. S. 루이스 / 허 종	8,000원
104 코뿔소 〔희곡〕	E. 이오네스코 / 박형섭	8,000원
105 지각—감각에 관하여	R. 바르바라 / 공정아	7,000원
106 철학이란 무엇인가	E. 크레이그 / 최생열	8,000원
107 경제, 거대한 사탄인가?	P. -N. 지로 / 김교신	7,000원
108 딸에게 들려 주는 작은 철학	R. 시몬 셰퍼 / 안상원	7,000원
109 도덕에 관한 에세이	C. 로슈・J. -J. 바레르 / 고수현	6,000원
110 프랑스 고전비극	B. 클레망 / 송민숙	8,000원
111 고전수사학	G. 위딩 / 박성철	10,000원
112 유토피아	T. 파코 / 조성애	7,000원
113 쥐비알	A. 자르댕 / 김남주	7,000원
114 증오의 모호한 대상	J. 아순 / 김승철	8,000원
115 개인—주체철학에 대한 고찰	A. 르노 / 장정아	7,000원
116 이슬람이란 무엇인가	M. 루스벤 / 최생열	8,000원
117 테러리즘의 정신	J. 보드리야르 / 배영달	8,000원
118 역사란 무엇인가	존 H. 아널드 / 최생열	8,000원
119 느리게 산다는 것의 의미・3	P. 쌍소 / 김주경	7,000원
120 문학과 정치 사상	P. 페티티에 / 이종민	8,000원
121 가장 아름다운 하나님 이야기	A. 보테르 外 / 주태환	8,000원
122 시민 교육	P. 카니베즈 / 박주원	9,000원
123 스페인영화사	J- C. 스갱 / 정동섭	8,000원
124 인터넷상에서—행동하는 지성	H. L. 드레퓌스 / 정혜욱	9,000원
125 내 몸의 신비—세상에서 가장 큰 기적	A. 지오르당 / 이규식	7,000원

126 세 가지 생태학　　　　　　F. 가타리 / 윤수종　　　　　　8,000원
127 모리스 블랑쇼에 대하여　　E. 레비나스 / 박규현　　　　　9,000원
128 위뷔 왕 〔희곡〕　　　　　　A. 자리 / 박형섭　　　　　　　8,000원
129 번영의 비참　　　　　　　　P. 브뤼크네르 / 이창실　　　　8,000원
130 무사도란 무엇인가　　　　　新渡戶稻造 / 沈雨晟　　　　　7,000원
131 천 개의 집 〔소설〕　　　　　A. 라히미 / 김주경　　　　　　근간
132 문학은 무슨 소용이 있는가?　D. 살나브 / 김교신　　　　　　7,000원
133 종교에 대하여―행동하는 지성　존 D. 카푸토 / 최생열　　　　9,000원
134 노동사회학　　　　　　　　M. 스트루방 / 박주원　　　　　8,000원
135 맞불·2　　　　　　　　　　P. 부르디외 / 김교신　　　　　10,000원
136 믿음에 대하여―행동하는 지성　S. 지제크 / 최생열　　　　　9,000원
137 법, 정의, 국가　　　　　　　A. 기그 / 민혜숙　　　　　　　8,000원
138 인식, 상상력, 예술　　　　　E. 아카마츄 / 최돈호　　　　　근간
139 위기의 대학　　　　　　　　ARESER / 김교신　　　　　　10,000원
140 카오스모제　　　　　　　　F. 가타리 / 윤수종　　　　　　10,000원
141 코란이란 무엇인가　　　　　M. 쿡 / 이강훈　　　　　　　　근간
142 신학이란 무엇인가　　　　　D. F. 포드 / 노치준·강혜원　　근간
143 누보 로망, 누보 시네마　　　C. 뮈르시아 / 이창실　　　　　8,000원
144 지능이란 무엇인가　　　　　I. J. 디어리 / 송형석　　　　　근간
145 죽음―유한성에 관하여　　　F. 다스튀르 / 나길래　　　　　근간
146 철학에 입문하기　　　　　　Y. 카탱 / 박선주　　　　　　　8,000원
147 지옥의 힘　　　　　　　　　J. 보드리야르 / 배영달　　　　8,000원
148 철학 기초 강의　　　　　　F. 로피 / 공나리　　　　　　　8,000원
149 시네마토그래프에 대한 단상　R. 브레송 / 오일환·김경온　　9,000원
150 성서란 무엇인가　　　　　　J. 리치스 / 최생열　　　　　　근간
151 프랑스 문학사회학　　　　　신미경　　　　　　　　　　　　8,000원
152 잡사와 문학　　　　　　　　F. 에브라르 / 최정아　　　　　근간
153 세계의 폭력　　　　　　　　J. 보드리야르·E. 모랭 / 배영달　9,000원
154 잠수복과 나비　　　　　　　J. -D. 보비 / 양영란　　　　　6,000원
155 고전 할리우드 영화　　　　자클린 나가쉬 / 최은영　　　　근간
156 마지막 말, 마지막 미소　　　B. 드 카스텔바자크 / 김승철·장정아　근간
157 몸의 시학　　　　　　　　　J. 피죠 / 김선미　　　　　　　근간
158 철학의 기원에 대하여　　　C. 콜로베르 / 김정란　　　　　근간
159 지혜에 대한 숙고　　　　　J. -M. 베스니에르 / 곽노경　　근간
160 자연주의 미학과 시학　　　조성애　　　　　　　　　　　　근간
161 소설 분석―현대적 방법론과 기법　B. 발레트 / 조성애　　　　　근간
162 사회학이란 무엇인가　　　　S. 브루스 / 김경안　　　　　　근간
1001 《제7의 봉인》 비평연구　　E. 그랑조르주 / 이은민　　　　근간
1002 《쥘과 짐》 비평연구　　　　C. 르 베르 / 이은민　　　　　　근간
1003 《시민 케인》　　　　　　　L. 멀비 / 이형식　　　　　　　근간
1004 《새》　　　　　　　　　　C. 파질리아 / 이형식　　　　　근간

【東文選 文藝新書】

1 저주받은 詩人들	A. 뻬이르 / 최수철·김종호	개정근간
2 민속문화론서설	沈雨晟	40,000원
3 인형극의 기술	A. 훼도토프 / 沈雨晟	8,000원
4 전위연극론	J. 로스 에반스 / 沈雨晟	12,000원
5 남사당패연구	沈雨晟	19,000원
6 현대영미희곡선(전4권)	N. 코워드 外 / 李辰洙	절판
7 행위예술	L. 골드버그 / 沈雨晟	18,000원
8 문예미학	蔡 儀 / 姜慶鎬	절판
9 神의 起源	何 新 / 洪 熹	16,000원
10 중국예술정신	徐復觀 / 權德周 外	24,000원
11 中國古代書史	錢存訓 / 金允子	14,000원
12 이미지 — 시각과 미디어	J. 버거 / 편집부	12,000원
13 연극의 역사	P. 하트놀 / 沈雨晟	12,000원
14 詩 論	朱光潛 / 鄭相泓	22,000원
15 탄트라	A. 무케르지 / 金龜山	16,000원
16 조선민족무용기본	최승희	15,000원
17 몽고문화사	D. 마이달 / 金龜山	8,000원
18 신화 미술 제사	張光直 / 李 徹	10,000원
19 아시아 무용의 인류학	宮尾慈良 / 沈雨晟	20,000원
20 아시아 민족음악순례	藤井知昭 / 沈雨晟	5,000원
21 華夏美學	李澤厚 / 權 瑚	15,000원
22 道	張立文 / 權 瑚	18,000원
23 朝鮮의 占卜과 豫言	村山智順 / 金禧慶	15,000원
24 원시미술	L. 아담 / 金仁煥	16,000원
25 朝鮮民俗誌	秋葉隆 / 沈雨晟	12,000원
26 神話의 이미지	J. 캠벨 / 扈承喜	근간
27 原始佛敎	中村元 / 鄭泰爀	8,000원
28 朝鮮女俗考	李能和 / 金尙憶	24,000원
29 朝鮮解語花史(조선기생사)	李能和 / 李在崑	25,000원
30 조선창극사	鄭魯湜	17,000원
31 동양회화미학	崔炳植	18,000원
32 性과 결혼의 민족학	和田正平 / 沈雨晟	9,000원
33 農漁俗談辭典	宋在璇	12,000원
34 朝鮮의 鬼神	村山智順 / 金禧慶	12,000원
35 道敎와 中國文化	葛兆光 / 沈揆昊	15,000원
36 禪宗과 中國文化	葛兆光 / 鄭相泓·任炳權	8,000원
37 오페라의 역사	L. 오레이 / 류연희	18,000원
38 인도종교미술	A. 무케르지 / 崔炳植	14,000원
39 힌두교의 그림언어	안넬리제 外 / 全在星	9,000원
40 중국고대사회	許進雄 / 洪 熹	30,000원
41 중국문화개론	李宗桂 / 李宰碩	23,000원

42 龍鳳文化源流	王大有 / 林東錫	25,000원
43 甲骨學通論	王宇信 / 李宰碩	근간
44 朝鮮巫俗考	李能和 / 李在崑	20,000원
45 미술과 페미니즘	N. 부루드 外 / 扈承喜	9,000원
46 아프리카미술	P. 윌레뜨 / 崔炳植	절판
47 美의 歷程	李澤厚 / 尹壽榮	28,000원
48 曼茶羅의 神들	立川武藏 / 金龜山	19,000원
49 朝鮮歲時記	洪錫謨 外/李錫浩	30,000원
50 하 상	蘇曉康 外 / 洪 熹	절판
51 武藝圖譜通志 實技解題	正 祖 / 沈雨晟·金光錫	15,000원
52 古文字學첫걸음	李學勤 / 河永三	14,000원
53 體育美學	胡小明 / 閔永淑	10,000원
54 아시아 美術의 再發見	崔炳植	9,000원
55 曆과 占의 科學	永田久 / 沈雨晟	8,000원
56 中國小學史	胡奇光 / 李宰碩	20,000원
57 中國甲骨學史	吳浩坤 外 / 梁東淑	35,000원
58 꿈의 철학	劉文英 / 河永三	22,000원
59 女神들의 인도	立川武藏 / 金龜山	19,000원
60 性의 역사	J. L. 플랑드렝 / 편집부	18,000원
61 쉬르섹슈얼리티	W. 챠드윅 / 편집부	10,000원
62 여성속담사전	宋在璇	18,000원
63 박재서희곡선	朴栽緖	10,000원
64 東北民族源流	孫進己 / 林東錫	13,000원
65 朝鮮巫俗의 硏究(상·하)	赤松智城·秋葉隆 / 沈雨晟	28,000원
66 中國文學 속의 孤獨感	斯波六郎 / 尹壽榮	8,000원
67 한국사회주의 연극운동사	李康列	8,000원
68 스포츠인류학	K. 블랑챠드 外 / 박기동 外	12,000원
69 리조복식도감	리팔찬	20,000원
70 娼 婦	A. 꼬르뱅 / 李宗旼	22,000원
71 조선민요연구	高晶玉	30,000원
72 楚文化史	張正明 / 南宗鎭	26,000원
73 시간, 욕망, 그리고 공포	A. 코르뱅 / 변기찬	18,000원
74 本國劍	金光錫	40,000원
75 노트와 반노트	E. 이오네스코 / 박형섭	20,000원
76 朝鮮美術史硏究	尹喜淳	7,000원
77 拳法要訣	金光錫	30,000원
78 艸衣選集	艸衣意恂 / 林鍾旭	20,000원
79 漢語音韻學講義	董少文 / 林東錫	10,000원
80 이오네스코 연극미학	C. 위베르 / 박형섭	9,000원
81 중국문자훈고학사전	全廣鎭 편역	23,000원
82 상말속담사전	宋在璇	10,000원
83 書法論叢	沈尹默 / 郭魯鳳	8,000원

84 침실의 문화사	P. 디비 / 편집부	9,000원
85 禮의 精神	柳肅 / 洪熹	20,000원
86 조선공예개관	沈雨晟 편역	30,000원
87 性愛의 社會史	J. 솔레 / 李宗旼	18,000원
88 러시아미술사	A. I. 조토프 / 이건수	22,000원
89 中國書藝論文選	郭魯鳳 選譯	25,000원
90 朝鮮美術史	關野貞 / 沈雨晟	30,000원
91 美術版 탄드라	P. 로슨 / 편집부	8,000원
92 군달리니	A. 무케르지 / 편집부	9,000원
93 카마수트라	바짜야나 / 鄭泰爀	18,000원
94 중국언어학총론	J. 노먼 / 全廣鎭	28,000원
95 運氣學說	任應秋 / 李宰碩	15,000원
96 동물속담사전	宋在璇	20,000원
97 자본주의의 아비투스	P. 부르디외 / 최종철	10,000원
98 宗敎學入門	F. 막스 뮐러 / 金龜山	10,000원
99 변 화	P. 바츨라빅크 外 / 박인철	10,000원
100 우리나라 민속놀이	沈雨晟	15,000원
101 歌訣(중국역대명언경구집)	李宰碩 편역	20,000원
102 아니마와 아니무스	A. 융 / 박해순	8,000원
103 나, 너, 우리	L. 이리가라이 / 박정오	12,000원
104 베케트연극론	M. 푸크레 / 박형섭	8,000원
105 포르노그래피	A. 드워킨 / 유혜련	12,000원
106 셀 링	M. 하이데거 / 최상욱	12,000원
107 프랑수아 비용	宋勉	18,000원
108 중국서예 80제	郭魯鳳 편역	16,000원
109 性과 미디어	W. B. 키 / 박해순	12,000원
110 中國正史朝鮮列國傳(전2권)	金聲九 편역	120,000원
111 질병의 기원	T. 매큐언 / 서 일·박종연	12,000원
112 과학과 젠더	E. F. 켈러 / 민경숙·이현주	10,000원
113 물질문명·경제·자본주의	F. 브로델 / 이문숙 外	절판
114 이탈리아인 태고의 지혜	G. 비코 / 李源斗	8,000원
115 中國武俠史	陳山 / 姜鳳求	18,000원
116 공포의 권력	J. 크리스테바 / 서민원	23,000원
117 주색잡기속담사전	宋在璇	15,000원
118 죽음 앞에 선 인간(상·하)	P. 아리에스 / 劉仙子	각권 8,000원
119 철학에 대하여	L. 알튀세르 / 서관모·백승욱	12,000원
120 다른 곳	J. 데리다 / 김다은·이혜지	10,000원
121 문학비평방법론	D. 베르제 外 / 민혜숙	12,000원
122 자기의 테크놀로지	M. 푸코 / 이희원	16,000원
123 새로운 학문	G. 비코 / 李源斗	22,000원
124 천재와 광기	P. 브르노 / 김웅권	13,000원
125 중국은사문화	馬華·陳正宏 / 강경범·천현경	12,000원

126	푸코와 페미니즘	C. 라마자노글루 外 / 최 영 外	16,000원
127	역사주의	P. 해밀턴 / 임옥희	12,000원
128	中國書藝美學	宋 民 / 郭魯鳳	16,000원
129	죽음의 역사	P. 아리에스 / 이종민	18,000원
130	돈속담사전	宋在璇 편	15,000원
131	동양극장과 연극인들	김영무	15,000원
132	生育神과 性巫術	宋兆麟 / 洪 熹	20,000원
133	미학의 핵심	M. M. 이턴 / 유호전	20,000원
134	전사와 농민	J. 뒤비 / 최생열	18,000원
135	여성의 상태	N. 에니크 / 서민원	22,000원
136	중세의 지식인들	J. 르 고프 / 최애리	18,000원
137	구조주의의 역사(전4권)	F. 도스 / 김웅권 外　I·II·IV 15,000원 / III	18,000원
138	글쓰기의 문제해결전략	L. 플라워 / 원진숙·황정현	20,000원
139	음식속담사전	宋在璇 편	16,000원
140	고전수필개론	權 瑚	16,000원
141	예술의 규칙	P. 부르디외 / 하태환	23,000원
142	"사회를 보호해야 한다"	M. 푸코 / 박정자	20,000원
143	페미니즘사전	L. 터틀 / 호승희·유혜련	26,000원
144	여성심벌사전	B. G. 워커 / 정소영	근간
145	모데르니테 모데르니테	H. 메쇼닉 / 김다은	20,000원
146	눈물의 역사	A. 벵상뷔포 / 이자경	18,000원
147	모더니티입문	H. 르페브르 / 이종민	24,000원
148	재생산	P. 부르디외 / 이상호	23,000원
149	종교철학의 핵심	W. J. 웨인라이트 / 김희수	18,000원
150	기호와 몽상	A. 시몽 / 박형섭	22,000원
151	융분석비평사전	A. 새뮤얼 外 / 민혜숙	16,000원
152	운보 김기창 예술론연구	최병식	14,000원
153	시적 언어의 혁명	J. 크리스테바 / 김인환	20,000원
154	예술의 위기	Y. 미쇼 / 하태환	15,000원
155	프랑스사회사	G. 뒤프 / 박 단	16,000원
156	중국문예심리학사	劉偉林 / 沈揆昊	30,000원
157	무지카 프라티카	M. 캐넌 / 김혜중	25,000원
158	불교산책	鄭泰爀	20,000원
159	인간과 죽음	E. 모랭 / 김명숙	23,000원
160	地中海(전5권)	F. 브로델 / 李宗旼	근간
161	漢語文字學史	黃德實·陳秉新 / 河永三	24,000원
162	글쓰기와 차이	J. 데리다 / 남수인	28,000원
163	朝鮮神事誌	李能和 / 李在崑	근간
164	영국제국주의	S. C. 스미스 / 이태숙·김종원	16,000원
165	영화서술학	A. 고드로·F. 조스트 / 송지연	17,000원
166	美學辭典	사사키 겡이치 / 민주식	22,000원
167	하나이지 않은 성	L. 이리가라이 / 이은민	18,000원

168	中國歷代書論	郭魯鳳 譯註	25,000원
169	요가수트라	鄭泰爀	15,000원
170	비정상인들	M. 푸코 / 박정자	25,000원
171	미친 진실	J. 크리스테바 外 / 서민원	25,000원
172	디스탱숑(상·하)	P. 부르디외 / 이종민	근간
173	세계의 비참(전3권)	P. 부르디외 外 / 김주경	각권 26,000원
174	수묵의 사상과 역사	崔炳植	근간
175	파스칼적 명상	P. 부르디외 / 김웅권	22,000원
176	지방의 계몽주의	D. 로슈 / 주명철	30,000원
177	이혼의 역사	R. 필립스 / 박범수	25,000원
178	사랑의 단상	R. 바르트 / 김희영	근간
179	中國書藝理論體系	熊秉明 / 郭魯鳳	23,000원
180	미술시장과 경영	崔炳植	16,000원
181	카프카 — 소수적인 문학을 위하여	G. 들뢰즈·F. 가타리 / 이진경	13,000원
182	이미지의 힘 — 영상과 섹슈얼리티	A. 쿤 / 이형식	13,000원
183	공간의 시학	G. 바슐라르 / 곽광수	23,000원
184	랑데부 — 이미지와의 만남	J. 버거 / 임옥희·이은경	18,000원
185	푸코와 문학 — 글쓰기의 계보를 향하여	S. 듀링 / 오경심·홍유미	근간
186	각색, 연극에서 영화로	A. 엘보 / 이선형	16,000원
187	폭력과 여성들	C. 도펭 外 / 이은민	18,000원
188	하드 바디 — 할리우드 영화에 나타난 남성성	S. 제퍼드 / 이형식	18,000원
189	영화의 환상성	J. -L. 뢰트라 / 김경온·오일환	18,000원
190	번역과 제국	D. 로빈슨 / 정혜욱	16,000원
191	그라마톨로지에 대하여	J. 데리다 / 김웅권	근간
192	보건 유토피아	R. 브로만 外 / 서민원	20,000원
193	현대의 신화	R. 바르트 / 이화여대기호학연구소	20,000원
194	중국회화백문백답	郭魯鳳	근간
195	고서화감정개론	徐邦達 / 郭魯鳳	근간
196	상상의 박물관	A. 말로 / 김웅권	근간
197	부빈의 일요일	J. 뒤비 / 최생열	22,000원
198	아인슈타인의 최대 실수	D. 골드스미스 / 박범수	16,000원
199	유인원, 사이보그, 그리고 여자	D. 해러웨이 / 민경숙	25,000원
200	공동생활 속의 개인주의	F. 드 생글리 / 최은영	20,000원
201	기식자	M. 세르 / 김웅권	24,000원
202	연극미학 — 플라톤에서 브레히트까지의 텍스트들	J. 셰레 外 / 홍지화	24,000원
203	철학자들의 신	W. 바이셰델 / 최상욱	34,000원
204	고대 세계의 정치	모제스 I. 핀레이 / 최생열	16,000원
205	프란츠 카프카의 고독	M. 로베르 / 이창실	18,000원
206	문화 학습 — 실천적 입문서	J. 자일스·T. 미들턴 / 장성희	24,000원
207	호모 아카데미쿠스	P. 부르디외 / 임기대	근간
208	朝鮮槍棒教程	金光錫	40,000원
209	자유의 순간	P. M. 코헨 / 최하영	16,000원

210 밀교의 세계 鄭泰爀 16,000원
211 토탈 스크린 J. 보드리야르 / 배영달 19,000원
212 영화와 문학의 서술학 F. 바누아 / 송지연 22,000원
213 텍스트의 즐거움 R. 바르트 / 김희영 15,000원
214 영화의 직업들 B. 라트롱슈 / 김경온·오일환 16,000원
215 소설과 신화 이용주 15,000원
216 문화와 계급 — 부르디외와 한국 사회 홍성민 外 18,000원
217 작은 사건들 R. 바르트 / 김주경 14,000원
218 연극분석입문 J. -P. 링가르 / 박형섭 18,000원
219 푸코 G. 들뢰즈 / 허 경 17,000원
220 우리나라 도자기와 가마터 宋在璇 30,000원
221 보이는 것과 보이지 않는 것 M. 퐁티 / 남수인·최의영 근간
222 메두사의 웃음/출구 H. 식수 / 박혜영 근간
223 담화 속의 논증 R. 아모시 / 장인봉 20,000원
224 포켓의 형태 J. 버거 / 이영주 근간
225 이미지심벌사전 A. 드 브리스 / 이원두 근간
226 이데올로기 D. 호크스 / 고길환 16,000원
227 영화의 이론 B. 발라즈 / 이형식 20,000원
228 건축과 철학 J. 보드리야르·J. 누벨 / 배영달 16,000원
229 폴 리쾨르 — 삶의 의미들 F. 도스 / 이봉지 外 근간
230 서양철학사 A. 케니 / 이영주 근간
231 근대성과 육체의 정치학 D. 르 브르통 / 홍성민 20,000원
232 허난설헌 金成南 16,000원
233 인터넷 철학 G. 그레이엄 / 이영주 15,000원
234 촛불의 미학 G. 바슐라르 / 이가림 근간
235 의학적 추론 A. 시쿠렐 / 서민원 20,000원
236 튜링 — 인공지능 창시자 J. 라세구 / 임기대 16,000원
237 이성의 역사 F. 샤틀레 / 심세광 근간
238 朝鮮演劇史 金在喆 22,000원
239 미학이란 무엇인가 M. 지므네즈 / 김웅권 23,000원
240 古文字類編 高 明 40,000원
241 부르디외 사회학 이론 L. 팽토 / 김용숙·김은희 20,000원
242 문학은 무슨 생각을 하는가? P. 마셰레 / 서민원 근간
243 행복해지기 위해 무엇을 배워야 하는가? A. 우지오 外 / 김교신 근간
244 영화와 회화: 탈배치 P. 보니체 / 홍지화 근간
245 영화 학습 — 실천적 지표들 F. 바누아 外 / 문신원 16,000원
246 회화 학습 — 실천적 지표들 F. 기블레 / 고수현 근간
247 영화미학 J. 오몽 外 / 이용주 근간
248 시 — 형식과 기능 J. -L. 주베르 / 김경온 근간
249 우리나라 옹기 宋在璇 근간
250 검은 태양 J. 크리스테바 / 김인환 근간
251 어떻게 더불어 살 것인가? R. 바르트 / 김웅권 근간

동문선

252 일반 교양 강좌　　　　　　E. 코바 / 송대영　　　　　　　근간
253 나무의 철학　　　　　　　R. 뒤마 / 송형석　　　　　　　근간
1001 베토벤: 전원교향곡　　　D. W. 존스 / 김지순　　　　15,000원
1002 모차르트: 하이든 현악 4중주곡　　J. 어빙 / 김지순　　　14,000원
2001 우리 아이들에게 어떤 지표를 주어야 할까?　J. L. 오베르 / 이창실　16,000원

【기 타】

▨ 모드의 체계　　　　　　　R. 바르트 / 이화여대기호학연구소　18,000원
▨ 라신에 관하여　　　　　　R. 바르트 / 남수인　　　　　10,000원
▨ 說 苑 (上·下)　　　　　林東錫 譯註　　　　　　　각권 30,000원
▨ 晏子春秋　　　　　　　　林東錫 譯註　　　　　　　　30,000원
▨ 西京雜記　　　　　　　　林東錫 譯註　　　　　　　　20,000원
▨ 搜神記 (上·下)　　　　　林東錫 譯註　　　　　　　각권 30,000원
■ 경제적 공포〔메디치賞 수상작〕　V. 포레스테 / 김주경　　7,000원
■ 古陶文字徵　　　　　　　高 明·葛英會　　　　　　　20,000원
■ 金文編　　　　　　　　　容 庚　　　　　　　　　　36,000원
■ 고독하지 않은 홀로되기　 P. 들레름·M. 들레름 / 박정오　8,000원
■ 그리하여 어느날 사랑이여　이외수 편　　　　　　　　4,000원
■ 딸에게 들려 주는 작은 지혜　N. 레흐레이트너 / 양영란　6,500원
■ 노력을 대신하는 것은 없다　R. 쉬이 / 유혜련　　　　　5,000원
■ 노블레스 오블리주　　　　현택수 사회비평집　　　　　7,500원
■ 미래를 원한다　　　　　　J. D. 로스네 / 문 선·김덕희　8,500원
■ 사랑의 존재　　　　　　　한용운　　　　　　　　　　3,000원
■ 산이 높으면 마땅히 우러러볼 일이다　　유 향 / 임동석　5,000원
■ 서기 1000년과 서기 2000년 그 두려움의 흔적들　J. 뒤비 / 양영란　8,000원
■ 서비스는 유행을 타지 않는다　B. 바게트 / 정소영　　　5,000원
■ 선종이야기　　　　　　　　홍 회 편저　　　　　　　　8,000원
■ 섬으로 흐르는 역사　　　　김영회　　　　　　　　　10,000원
■ 세계사상　　　　　　　　　창간호~3호: 각권 10,000원 / 4호: 14,000원
■ 십이속상도안집　　　　　　편집부　　　　　　　　　　8,000원
■ 어린이 수묵화의 첫걸음(전6권)　趙 陽 / 편집부　　　각권 5,000원
■ 오늘 다 못다한 말은　　　　이외수 편　　　　　　　　7,000원
■ 오블라디 오블라다, 인생은 브래지어 위를 흐른다　무라카미 하루키 / 김난주　7,000원
■ 이젠 다시 유혹하지 않으련다　P. 쌍소 / 서민원　　　　9,000원
■ 인생은 앞유리를 통해서 보라　B. 바게트 / 박해순　　　5,000원
■ 잠수복과 나비　　　　　　　J. D. 보비 / 양영란　　　　6,000원
■ 천연기념물이 된 바보　　　최병식　　　　　　　　　　7,800원
■ 原本 武藝圖譜通志　　　　正祖 命撰　　　　　　　　60,000원
■ 隸字編　　　　　　　　　　洪鈞陶　　　　　　　　　40,000원
■ 테오의 여행 (전5권)　　　　C. 클레망 / 양영란　　　각권 6,000원
■ 한글 설원 (상·중·하)　　　임동석 옮김　　　　　　각권 7,000원
■ 한글 안자춘추　　　　　　　임동석 옮김　　　　　　　8,000원

■ 한글 수신기 (상·하)　　　　임동석 옮김　　　　　　　各권 8,000원

【이외수 작품집】
■ 겨울나기	창작소설	7,000원
■ 그대에게 던지는 사랑의 그물	에세이	7,000원
■ 그리움도 화석이 된다	시화집	6,000원
■ 꿈꾸는 식물	장편소설	7,000원
■ 내 잠 속에 비 내리는데	에세이	7,000원
■ 들 개	장편소설	7,000원
■ 말더듬이의 겨울수첩	에스프리모음집	7,000원
■ 벽오금학도	장편소설	7,000원
■ 장수하늘소	창작소설	7,000원
■ 칼	장편소설	7,000원
■ 풀꽃 술잔 나비	서정시집	4,000원
■ 황금비늘 (1·2)	장편소설	各권 7,000원

【조병화 작품집】
■ 공존의 이유	제11시집	5,000원
■ 그리운 사람이 있다는 것은	제45시집	5,000원
■ 길	애송시모음집	10,000원
■ 개구리의 명상	제40시집	3,000원
■ 그리움	애송시화집	8,000원
■ 꿈	고희기념자선시집	10,000원
■ 따뜻한 슬픔	제49시집	5,000원
■ 버리고 싶은 유산	제 1시집	3,000원
■ 사랑의 노숙	애송시집	4,000원
■ 사랑의 여백	애송시화집	5,000원
■ 사랑이 가기 전에	제 5시집	4,000원
■ 남은 세월의 이삭	제 52시집	6,000원
■ 시와 그림	애장본시화집	30,000원
■ 아내의 방	제44시집	4,000원
■ 잠 잃은 밤에	제39시집	3,400원
■ 패각의 침실	제 3시집	3,000원
■ 하루만의 위안	제 2시집	3,000원

【동문선 만화총서】
■ 세르	Y. 프레미옹 / 서민원	16,000원
■ 블랙 유머와 흰 가운의 의료인들	C. 세르	14,000원
■ 동물학	C. 세르	14,000원
■ 자가수리공	C. 세르	14,000원
■ 비스 콩프리	C. 세르	14,000원

東文選 現代新書 81

영원한 황홀

파스칼 브뤼크네르

김웅권 옮김

"당신은 행복해지기 위해 사는가?"

당신은 왜 사는가? 전통적으로 많이 들어온 유명한 답변 중 하나는 "행복해지기 위해서 산다"이다. 이때 '행복'은 우리에게 목표가 되고, 스트레스가 되며, 역설적으로 불행의 원천이 된다. 브뤼크네르는 그러한 '행복의 강박증'으로부터 당신을 치유하기 위해 이 책을 썼다. 프랑스의 전 언론이 기립박수에 가까운 찬사를 보낸 이 책은 사실상 석 달 가까이 베스트셀러 1위를 지켜내면서 프랑스를 '들었다 놓은' 철학 에세이이다.

"어떻게 지내십니까? 잘 지내시죠?"라고 묻는 인사말에도 상대에게 행복을 강제하는 이데올로기가 숨쉬고 있다. 당신은 행복을 숭배하고 있다. 그것은 서구 사회를 침윤하고 있는 집단적 마취제다. 당신은 인정해야 한다. 불행도 분명 삶의 뿌리다. 그 뿌리는 결코 뽑히지 않는다. 이것을 받아들일 때 당신은 '행복의 의무'로부터 해방될 것이고, 행복하지 않아도 부끄럽지 않게 될 것이다.

대신 저자는 자유롭고 개인적인 안락을 제안한다. '행복은 어림치고 접근해서 조용히 잡아야 하는 것'이다. 현대인들의 '저속한 허식'인 행복의 웅덩이로부터 당신 자신을 건져내라. 그때 '빛나지도 계속되지도 않는 것이 지닌 부드러움과 덧없음'이 당신을 따뜻이 안아 줄 것이다. 그곳에 영원한 만족감이 있다.

중세에서 현대까지 동서의 명현석학과 문호들을 풍부하게 인용하는 저자의 깊은 지식샘, 그리고 혀끝에 맛을 느끼게 해줄 듯 명징하게 떠오르는 탁월한 비유 문장들은 이 책을 오래오래 되읽고 싶은 욕심을 갖게 한다. 독자들께 권해 드린다. — 조선일보, 2001. 11. 3.

東文選 現代新書 1

21세기를 위한
새로운 엘리트

FORSEEN 연구소 (프)
김경현 옮김

우리 사회의 미래를 누르고 있는 경제적 · 사회적 그리고 도덕적 불확실성과 격변하는 세계에서 새로운 지표들을 찾는 어려움은 엘리트들의 역할과 책임에 대한 재고를 요구한다.

　엘리트의 쇄신은 불가피하다. 미래의 지도자들은 어떠한 모습을 갖게 될 것인가? 그들은 어떠한 조건하의 위기 속에서 흔들린 그들의 신뢰도를 다시금 회복할 수 있을 것인가? 기업의 경영을 위해 어떠한 변화를 기대해야 할 것인가? 미래의 결정자들을 위해서 어떠한 교육이 필요한가? 다가오는 시대의 의사결정자들에게 필요한 자질들은 어떠한 것들일까?

　이 한 권의 연구보고서는 21세기를 이끌어 나갈 엘리트들에 대한 기대와 조건분석을 시도하고 있으며, 구체적으로 그들이 담당할 역할과 반드시 갖추어야 될 미래에 대한 비전을 제시하고 있다.

　본서는 프랑스의 세계적인 커뮤니케이션 그룹인 아바스 그룹 산하의 포르셍 연구소에서 펴낸 《미래에 대한 예측총서》 중의 하나이다. 63개국에 걸친 연구원들의 활동을 바탕으로 세계적인 차원에서 우리 사회를 변화시키게 될 여러 가지 추세들을 깊숙이 파악하고 있다.

　사회학적 추세를 연구하는 포르셍 연구소의 이번 연구는 단순히 미래를 예측하는 데에 그치는 것이 아니라, 미래를 준비하는 자들로 하여금 보충적인 성찰의 요소들을 비롯해서, 그들을 에워싸고 있는 세계에 대한 보다 넓은 이해를 지닌 상태에서 행동하고 앞날을 맞이하게끔 하기 위해서 이 관찰을 활용하자는 것이다.

東文選 現代新書 18

청소년을 위한 철학교실

알베르 자카르

장혜영 옮김

"무엇을 질문하고 어떻게 대답할 것인가?"

철학은 끊임없는 질문과 답변 가운데에 있다. 질문은 진리에 대한 탐색이요, 답변은 존재와 세계에 대한 해석이다. 우리는 철학을 통해 존재의 근원에 이른다. 이 책은 프랑스 알비의 라스콜 고등학교 철학교사인 위게트 플라네스와 철학자 알베르 자카르 사이의 철학 대담으로 철학적 질문과 답변의 과정을 명쾌히 보여 준다.

이 책에는 타인·우애·정의 등 30개의 항목에 대한 철학자의 통찰이 간결하게 살아 있다. 철학교사가 사르트르의 유명한 구절, 즉 "지옥, 그것은 바로 타인이다"에 대해 반박을 요청하자, 저자는 그 인물이 천국에 들어갔다면 그는 틀림없이 "천국, 그것은 바로 타인이다"라고 이야기했을 것이라고 답한다. 결국 타인들은 우리의 지옥이 아니며, 그들이 우리와의 관계를 받아들이려 하지 않을 때 지옥을 만들어 낸다고 말한다.

그렇다면 행복에 대해 이 철학자는 어떻게 답할까? "나에게 행복이란 타인들의 시선 안에서 스스로를 아름답다고 느끼는 것입니다"는 것이 그의 답변이다. 이 책은 막연한 것들에 대해 명징한 질문과 성찰로 우리가 새로운 질문을 던지고, 스스로 그 답을 찾을 수 있는 실마리를 제공한다.

東文選 現代新書 108

딸에게 들려 주는 작은 철학

롤란트 시몬 셰퍼
안상원 옮김

★독일 청소년 저작상 수상(97)
★청소년을 위한 좋은 책(99, 한국간행물윤리위원회)

작은 철학이 큰사람을 만든다. 아이들과 철학을 이야기하는 것이 요즘 유행처럼 되었다. 아이들에게 철학을 감추지 않는 것, 그것은 분명히 옳은 일이다. 세계에 대한 어른들의 질문이나 아이들의 질문들은 종종 큰 차이가 없으며, 철학은 여기에 답을 줄 수 있다. 이 작은 책은 신중하고 재미있게, 그러면서도 주도면밀하게 철학의 질문들에 대답해 준다.

이 책의 저자 시몬 셰퍼 교수는 독일의 원로 철학자이다. 그가 원숙한 나이에 철학에 대한 깊은 이해를 가지고 자신의 딸이거나 손녀로 가정되고 있는 베레니케에게 대화하듯 철학 이야기를 들려 주고 있다. 만약 그 어려운 수수께끼를 설명한다면 어떻게 할 것인가를 모형적으로 제시하고 있다.

철학은 우리의 구체적인 삶과 멀리 떨어져 있는 삶이 아니다. 우리가 사용하고 있는 말이란 무엇이며, 안다는 것은 무엇인가. 세계와 자연, 사회와 도덕적 질서, 신과 인간의 의미는 무엇인가 등 철학적 사유의 본질적 테마들로 모두 아홉 개의 장으로 나누어 이야기하고 있다. 쉽게 서술되었지만 내용은 무게를 가지고 있어서 중·고등학생뿐만 아니라 대학생과 성인들에게 철학에 대한 평이한 길라잡이가 될 것이다.

東文選 現代新書 87

산다는 것의 의미 · 1
― 여분의 행복

피에르 쌍소 / 김주경 옮김

"삶을 어떻게 살아야 하는가?"라는 물음에 대한 해답찾기‼

인생을 살 만큼 살아본 사람만이 이에 대한 대답을 할 수 있을 것이다. 영원한 것은 아무것도 없고, 변화 또한 피할 수 없다. 한 해의 시작을 앞둔 우리들에게 피에르 쌍소는 "인생이라는 다양한 길들에서 만나게 되는 예기치 않은 상황들을 대비할 수 있도록 도덕적 혹은 철학적인 성찰, 삶의 단편들, 끔찍한 가상의 이야기와 콩트, 이 세상에서 벌어지고 있는 참을 수 없는 일들에 대한 분노의 외침, 견디기 힘든 세상을 조금이라도 견딜 만하게 만들기 위한 사랑에의 호소 등등 여러 가지를 이 책 속에 집어넣어 보았다"는 소회를 전하고 있다. 노철학자의 삶에 대한 깊은 성찰이 고목의 나이테처럼 더없이 선명하게 다가온다.

변화를 사랑하고, 기다릴 줄 알고, 바라보는 법을 배우고, 자기 자신에게 인내를 가질 수 있게 하는 이 책 《산다는 것의 의미》는, 앞서의 두 권보다 문학적이며 읽는 재미 또한 뛰어나다. 죽어 있는 것 같은 시간들이 빈번히 인생에 가장 충만한 삶을 부여하듯 자신의 내부의 작은 목소리에 귀기울이게 하고, 그 소리를 신뢰케 만드는 것이 책의 장점이다. 진정한 삶, 음미할 줄 아는 삶을 살고, 내심이 공허한 사람이 되지 않도록 우리의 약한 삶을 보호할 줄 알며, 그 삶을 사랑하게 만드는 것이 피에르 쌍소의 힘이다.

이 책을 읽어 나가는 동안 우리는 의미 없이 번쩍거리기만 하는 싸구려 삶을 단호히 거부하고, 자기 자신에게로 돌아와 찬찬히 들여다볼 수 있는 시간을 갖게 될 것이다. 그리고 자신만의 희망적인 삶의 방법을 건져올릴 수 있을 것이다.

이젠 다시
유혹하지 않으련다

피에르 쌍소

서민원 옮김

섬세하고 정교한 글쓰기로 표현된, 온화하지만 쓴맛이 있는 이 글의 저자는 대체 누구를 더 이상 유혹하지 않겠다고 선언하는가? 여성들, 신, 삶, 아니면 그 자신인가?

여자를 유혹하는 남자들이 점점 사라져 가고 있다. 느림의 철학자 피에르 쌍소는 유혹자로서의 자신의 경험을 소설 같은 에세이로 만들어 그 궤적을 밟는다. 물론 또 다른 조류에 몸을 맡기기 전까지 말이다. 그것은 정겨움과 관대함으로 타인을 바라보는 신비의 조류이다. 이 책은 여성과 삶을 사랑하는 작가의 매우 유려한 필치로 쓰여진, 입가에 미소가 맴돌게 하면서도 무언가 생각하게 하는 책이다. 결국 우리로 하여금 보다 잘 성찰하고, 보다 잘 느끼며 더욱 사랑하라고 속삭인다.

"40년 전에는 한 여성이 유혹에 진다는 것은 정숙함과 자신의 평판을 포기한다는 것을 의미했습니다. 오늘날의 여성은 그럴 필요를 느끼지 않으니 자신을 온전히 내주지도 않지요. 유혹이 너무 일반화되어 그 비극적인 면을 잃고 말았어요. 반대로 누군가의 마음을 사로잡는다는 것, 서로 같은 조건에서 그에게 주의를 기울인다는 것은 유혹이나 매력 같은 것보다 한 단계 위의 가치입니다."

"이 세상의 아름다움과 미소를 함께 나누는 행복을 위해서라도 마음을 사로잡는 일은 누구에게나 하나의 의무라고 봐요. 타인은 시간과 더불어 그 밀도와 신비함을 더해 가고, 그와 나의 관계에서 풍기는 수수께끼는 거의 예술작품에 가까워지지요. 당신의 존재에 겹쳐지지만 투사하지는 않는 것, 그것이 바로 완전한 유혹이 아닐까요."

東文選 現代新書 113

쥐 비 알

알렉상드르 자르댕

김남주 옮김

아버지의 유산, 우리들 가슴속엔 어떤 아버지가 자리하고 있는가?

정신적 지주였던 아버지에 관한 자전적 이야기인 이 작품은, 소설보다 더 소설적인 부자(父子)의 삶을 감동적으로 담아내고 있다. 자녀들에게 쥐비알이라는 애칭으로 불렸던 그의 아버지 파스칼 자르댕은 여러 편의 소설과 1백여 편의 시나리오를 남겼다. 그 또한 자신의 아버지, 그러니까 저자의 할아버지에 대한 소설 《노란 곱추》를 발표하였으며, 이 작품 또한 수년 전 한국에 소개된 바 있다. 하지만 자유 그 자체였던 그의 존재 이유는 무엇보다도 여자를 사랑하는 일에 있었다. 그의 진정한 일은 여인을 사랑하는 것이었다, 특히 자신의 아내를.

그는 열여섯의 나이에 아버지의 여자친구인 거대한 재산 상속녀의 침대로 기운차게 뛰어들어 그녀의 정부가 되었으며, 자신들의 관계를 기념하기 위해 베르사유궁의 프티 트리아농과 똑같은 저택을 짓게 하고 파티를 열어 그의 아버지를 초대하는가 하면, 창녀를 친구로 사귀어 몇 달 동안 하루도 거르지 않고 서너 차례씩 꽃다발을 보내어 관리인으로 하여금 그녀가 혹시 공주가 아닐까 하는 착각에 빠지게끔 만들기도 하였다. 그런가 하면 자신의 어머니의 절친한 연인의 해골과 뼈를 집 안에 들여다 놓고, 그것이 저 유명한 나폴레옹 외무상이었던 탈레랑의 뼈라고 능청스레 둘러대다가 탄로나서 집 안을 발칵 뒤집히게 하는 등, 기상천외한 기행과 사랑의 모험을 한순간도 멈추지 않았다. 심지어 죽어서까지 그의 영원한 연인이자 아내였던 저자의 어머니에게 끊임없이 무덤으로부터 열렬한 사랑의 편지가 배달되게 하는가 하면, 17년이 지난 오늘날까지 그의 아내를 포함하여 그를 사랑했던 30여 명의 여인들을 해마다 그가 죽은 날을 기해 성당에 모여 눈물을 흘리게 하여, 그가 죽음으로써 안도의 숨을 내쉬었던 그녀들의 남자들을 참담하게 만들기도 하였다. 스위스의 그의 무덤에는 하루도 빠짐없이 지금까지도 제비꽃 다발이 놓이고 있다.

東文選 現代新書 102

글렌 굴드, 피아노 솔로

미셸 슈나이더

이창실 옮김

　캐나다 태생의 전설적인 피아니스트 글렌 굴드에 관한 전기
　정상에 오른 32세 나이에 무대를 완전히 떠났으며, 결혼도 하
지 않고, 50세라는 길지 않은 생을 살았던 천재적인 피아니스트
글렌 굴드에 관한 전기나 책들이 외국에서는 이미 많이 나왔으
나 국내에는 처음으로 번역 소개되었다.

　삐걱거리는 의자, 몸을 흔들며 끙끙대는 신음, 흥얼대는 노래,
다양한 음색, 질주하는 템포, 악보를 무시하는 해석, ……독특한
개성으로 많은 음악애호가들의 사랑을 받아 왔던 글렌 굴드의
무대 경력은 불과 9년에 불과했다. 30세가 되면 연주회를 그만
두겠다고 밝힌 바 있었으며, 32세에 이를 실행하였다. 50세에는
녹음을 그만두겠다고 했다가 50세가 되던 다음 다음날 임종했
다. 짧다면 짧고 단순하다면 단순하다고 할 수 있는 이 연주가에
대해 한 편의 전기를 쓰는 일이 결코 쉬운 일이 아니었을 것이
나, 여기서 저자는 통상적인 전기물의 관례를 깨뜨린 채 인물의
내면으로 곧장 빠져 들어감으로써 보다 강렬한 진실을 열어 보
이는, 예기치 못한 방법으로 그의 삶과 예술 세계를 조명하고 있
다. 그리하여 그동안 그의 음악을 들어 오던 독자들로 하여금 평
소에 생각했던 점들이 너무도 또렷한 언어들로 구현되고 있다는
느낌을 떨쳐 버릴 수 없도록 해주고 있다. 굴드의 연주에 대한
날카로운 분석은 물론 그런 연주와 밀접하게 얽혀 있는 한 삶에
대한 저자의 이해와 긴 명상에 동참하는 기쁨을 누리게 해준다.